Karl Ullmann

Lettische Volkslieder

übertragen im Versmaass der Originale von Karl Ulmann

Karl Ullmann

Lettische Volkslieder

übertragen im Versmaass der Originale von Karl Ulmann

ISBN/EAN: 9783741128974

Hergestellt in Europa, USA, Kanada, Australien, Japan

Cover: Foto ©Angelika Wolter / pixelio.de

Manufactured and distributed by brebook publishing software (www.brebook.com)

Karl Ullmann

Lettische Volkslieder

Lettische Volkslieder

übertragen

im Versmaass der Originale

von

Karl Ulmann,
Pastor zu Cremon bei Wall.

Riga,
H. Brutzer & Co.
1874.

Der

lettisch=literarischen Gesellschaft

als Festgabe

zum 10. September 1874

dargebracht

von

Verfasser.

Vorrede.

Müde von dem Weltgetriebe,
Von des Lebens Heut und Morgen,
Müde von des Tages Freude,
Müde von des Tages Sorgen,
Trat ich in den tagesfrischen
Wald mit seinen grünen Büschen.

Unter einer Eiche Schatten
Streckt' ich meine matten Glieder,
Und es wiegten bald in Schlummer
Mich der Vogel Frühlingslieder.
Von den Bäumen schüttelt munter
Zephyr Träume mir herunter.

VI

Leben gab's im grünen Walde,
Und was für ein Zauberleben!
Leise neigend will die Eiche
Holden Gruß der Birke geben,
Und die lichte Sonne glänzet,
Daß die Wipfel goldumkränzet.

Aus den Eichenstämmen fliegen
Bienchen, und aus Busch und Höhlen
Sich des Waldes Ureinwohner,
Bären, Hirsche, Füchse stehlen;
Ordnen sich um alt Gemäuer
Zu solcher Hochzeitsfeier.

Vögel sind die Musikanten,
Und in ungebund'ner Freude
Tanzen und ergehn im Walde
Sich die freien Hochzeitsleute;
Bächlein murmelt mit im Chor,
Und am Waldsee rauscht das Rohr.

Und ein Boot schwimmt auf der Fläche,
Netze wirft der Fischer aus,
Und am Strande singen Mädchen; —

VII

Sieh', dort liegt das Fischerhaus!
An der Pforte steht die Weide,
Nachtigall singt Freud' im Leide!

Horch! Von fern erdröhnt die Erde,
Hufschlag nähert sich der Hütte,
Auf schwarzbraunen muntern Rossen
Fremde nah'n in raschem Ritte, —
In den Rosengarten flüchten
Sich die Mägdlein rasch mit Zöchten.

Vor das Haus tritt nun die Mutter,
Es geleiten sie die Brüder,
Und im Werben um die Tochter
Fehlt die Rede hin und wider;
Still im Stübchen steht das Rädchen,
Denn mit Bangen lauscht das Mädchen.

Ja, wer hält im Nest das Vöglein,
Denn die Flügel schon sich heben!
Und die Mutter muß die Tochter
Weinend in die Fremde geben!
Ob sich dort erfüllt ihr Sehnen?
Ob ihr Aug' sich füllt mit Thränen?

— VIII —

Grausam ist des Mannes Liebe,
Honigsüß sind seine Worte!
Lügend preist er Blum' und Quelle,
Die in seinem Heimathsorte —
Statt der Rosen an den Bornen
Findet Thränen sie und Dornen!

Abend wirds im stillen Walde,
Heimwärts treibt der Hirt die Schafe,
Und zum Stalle ziehn die Rinder;
Vöglein rüsten sich zum Schlafe,
Auf der Eiche nur die Meise
Singet ernste Trauerweise:

Es wird Krieg! fort muß der Bruder,
Scheiden muß die Hand vom Pfluge,
Muß sein muthig Roßlein satteln
Wol zum blut'gen Türkenzuge!
Schwestern, noch mit Thränenblicken,
Ihm zuletzt die Mütze schmücken.

Sterne glänzen hell am Himmel,
Mond zählt seine Silberheerde,
Sorgentillen ist zur Sonne

Morgenstern auf gold'nem Pferde,
Und Perkunos*) führt mit Sug
Donnernd an den Hochzeitszug!

Winter wird's, den Blätterbrautschatz
Führt das Windroß in die Weite,
Von den Bäumen Fichl' und Tanne
Stehn allein in grünem Kleide.
Schneebedeckt sind Flur und Halde,
Gellend schallt die Axt im Walde.

Lustig klingen Schlittenglocken,
Stolz zur Kirche fahren Leute,
Mardermütze trägt der Bräut'gam,
Biberpelze schmücken Bräute;
Und zu Hause harrt zum Feste
Bier und Braten auf die Gäste!

Doch mich zieht's zum Fischerhäuschen!
Drinnen sitzen an den Rädchen,
In dem wolerwärmten Stübchen,
Fleißig frische junge Mädchen!
Wie sie emsig drehn und spinnen,
Daß den Brautschatz sie gewinnen!

---
*) Gott des Donners.

— X —

Und am Webstuhl sitzt die Mutter;
Lied auf Lied klingt in der Runde,
Und von Allem, was ich schaute,
Gaben mir die Lieder Kunde! —
Treuen Nachklang solcher Lieder
Gibt euch frisch mein Büchlein wieder

Register.

		Seite
Vorrede	. . . .	V—X
I.	Der Liebe Lust und Leid. 1—111.	1—30
II.	Heimath und Fremde. 112—150.	31—44
III.	Waisenlieder. 151—170.	45—52
IV.	Arbeit für Mensch und Thier. 171—220.	53—68
V.	Sang und Trank. 221—262.	69—82
VI.	Scherz und Spott. 263—318.	83—98
VII.	Großthun ist mein Reichthum! 319—356.	99—110
VIII.	Böse Zeit und böse Menschen. 357—388.	111—120
IX.	Der Tod und das Mädchen. 389—424.	121—132
X.	Im grünen Walde. 425—450.	133—142
XI.	Mythe und Aberglaube 451—483.	143—154
XII.	In den Krieg. 484—492.	155—160
	Längere Lieder.	161—203
	1. Der ertrunkene Bruder.	163—164
	2. Die kostbare Familie.	165—167
	3. Der losgekaufte Soldat. . . .	168—169
	4. Das ertrunkene Mädchen. . . .	170—171

		Seite.
5.	Soldatenabschied	172—173
6.	Der heimliche Besuch	174
7.	Die Schwester in der Fremde	175
8.	Des Kriegers Roß	176—177
9.	Zu späte Reue	178—179
10.	Espe und Birke	180
11.	Vogelhochzeit	181—183
12.	Liebesnoth bringt Tod	184—186
13.	Das Marientüchlein	187—188
14.	Warum Maria nicht tanzt	189
15.	Die seltne Haube (Kinderfabel)	190—194
16.	Der Marienrock	195—196
17.	Der alte und der junge Bräutigam	197—198
18.	Das Lied von der Jüngsten	199—200
19.	Soldatenabschied	201
20.	Der zufriedene Bräutigam	202—203
	Anhang: Melodieen zu einigen der längeren Lieder	205—212

I.

Der Liebe Lust und Leid.

1.

Nur ein einzig kleines Hechtlein, —
Und wie macht's das Schilfrohr beben!
Einer Mutter einz'ge Tochter, —
Und wie neckt sie ihre Freier!

Das Mädchen singt:

2.

Schmücke mich, o Mütterlein,
Nicht so sehr, da ich noch jung bin;—
Laß mir Zeit heranzuwachsen,
Reichen Brautschatz einzusammeln!

3.

Kauft, lieb Vater mein und Mutter,
Viel ist's, das ich nöthig habe!
Seidnen Rock bis an die Erde,
Bis zum Gürtel silberglänzend!

Schmücke mich, Du liebe Mutter,
Werb' nicht jung zum zweiten Male!
Blühte je ein Apfelbäumchen
Zwei Mal weiß zur Sommerzeit?

4.

Soll ich durch das Bächlein waten,
Will ich wol mein Röcklein schürzen;
Soll ich in die Fremde gehen,
Will ich wol mich erst bedenken!

5.

Bächlein zwei hab' ich durchwatet,
Wusch im dritten mir die Lippen;
Freiern hab' ich zwei'n gekündigt,
Erst dem dritten reich' die Hand ich.

6.

Auf dem Berge pflanzt' ich Rosen,
Hinterm Berge rothen Mohn!
Reiten Freier zu den Rosen,
Duck' ich nieder mich im Mohn
Und verberg' mein glühend Antlitz
Unter rothen Mohnes Blüthen.

7.

Komm' herein doch, Brüderchen,
Warum zögerst Du da draußen?

Sieh, die Fremden zahlen Geld aus
Für das Kränzlein Deiner Schwester!

8.

Neblig war's und nicht erkannt' ich,
Wer mir meinen Kranz genommen!
Kam die Sonne — ach, da sah ich
In des Fremden Hand ihn glänzen.

9.

Kämm' das Haar mir, liebe Mutter,
Flicht mir Perlen in das Kränzlein;
Sieh', drei Freier kommen morgen
Meine Schönheit zu erproben!

10.

Nicht die Ellernruthe brech' ich,
Wenn ich keine Birke finde;
Nicht will ich den Wittwer freien,
Wenn kein Jüngling um mich anhält;
Schwer ist ja des Wittwers Hand noch
Von den vielen vielen Thränen!

11.

Sonnenschwester flicht die Krone
Auf der Weide Gipfel sitzend;
„Schwesterchen, auch mir flicht eine,
In die Fremde muß ich ziehen!"

12.

Ein verfaulter Eichenstamm
Wartet, daß die Bienen schwärmen;
Ein verlebter Vatersohn
Wartet, daß ich aufgewachsen.
Warte oder warte nimmer,
Mich wirst doch Du nicht bekommen!

13.

Keine Eiche steht im Walde,
Deren Blätter kantig sind;
Keines Vaters Sohn noch fand ich,
Der da ansteht meinem Sinn.

14.

Meiner Mutter Klugheit rühmt man,
Sagt, wer hat sie klug genannt?
Kannt' sie nicht des Weibes Schicksal,
Daß sie mich zur Fremde sandte?

15.

Fichte beugt sich, Tanne neigt sich,
Birke beugt den hohen Gipfel;
Gäbe Gott doch meinem Bruder
Solch ein biegsam Liebchen einst!

16.

Warum, Brüderchen, vertauschtest
Du die Mütze mit dem Fremden?
Eilig machte ich das Thor auf,
Dacht': mein Bruder käm' geritten, —
's war der Fremde braunen Auges
Meiner Thränen Trinker war's!

17.

Wär ich so bereit zu freien,
Als die Mutter mich zu geben; —
Meine zarten Wangen wären
Längst entstellt durch bittre Thränen!

18.

Traurig fließt das Bächlein hin,
Traurig fließt der Dünastrom;
Traurig sprechen meine Brüder,
Daß zu lang ich unterm Kranz bin.
„Trauert nicht, ihr lieben Brüder,
Daß ich lang mein Kränzlein wahr';
Trauert nicht, ihr lieben Brüder,
Will euch keine Schande machen;
Nur in Ehren will ich tragen
Noch mein trautes Perlenkränzlein!
Faulbaum blühet seine Zeit,
Seine Zeit das Apfelbäumchen, —

Meine Zeit will ich auch tragen
Meinen Perlenkranz in Ehren!"

19.

Birke ließ die Blätter sprießen,
Als ich mir den Brautkranz wand;
Frost verzehrt' die Birkenblätter
Und der Fremde nahm den Kranz.

20.

Beeren, Nüsse sind im Walde,
Aber Keiner, der sie pflücke!
Voller Mädchen ist das Dorf,
Aber Keiner, der sie freie!

Der Bursche singt:

21.

Warf ein zartes Birkenreislein
Vor der Mädchen Füße hin:
Eine kam und sprang hinüber,
Krummen Umweg nahm die zweite,
Aufgenommen hat's die dritte, —
Diese soll mein Liebchen sein!

22.

Guten Abend, Tochter-Mutter,*)
Laß uns auf die Hälfte theilen:
Du behältst den Rosengarten,
Ich die Rosenjäterin!

23.

Weißem Klee ging ich vorüber,
Auf den rothen wollt' ich warten;
Ließ vorbei die Waise gehen,
Wartet' auf die Muttertochter.**)

24.

Die nicht wähl' ich mir zum Liebchen,
Die sich vor mir ziert und dreht;
Die nur soll mein Liebchen sein,
Die mit Bangen vor mir flieht.

25.

Oeffne mir die Thüre, Mutter,
Steif gefroren sind die Hände;
Die mir meine Handschuh strickt,
Sitzt ja drin bei dir im Stübchen.

---

*) Schwiegermutter.
**) Hier Tochter, deren Mutter noch lebt, im Gegensatz zur Waise.

26.

Sing mit mir, Du bräutlich Mädchen,
Lege Deine Hand in meine;
Fern sind ja die bösen Leute,
Die Dich mir nicht gönnen wollen.

27.

Ach mein Blümchen, ach mein Liebchen
Ist in fremden Mannes Hand!
Meine eigne Schuld ist's freilich,
Daß ich sie so lang erzogen,
Daß ich sie so lang erzogen
Und verbreitet, daß sie reich ist!

28.

Was ist das für eine Säng'rin
Deren Lied den Wald durchtönt?
Ob erwachsen sie, ob Kind noch,
Die wird einstmals meine Braut!

29.

Wie die Tanne ist das Mädchen,
Tannennadel ihre Zunge;
Keinen Tag in Frieden lebt' sie
Wol mit meinem Mütterlein!

30.

Nur ein Waislein ist das Mädchen,
Das ich mir zum Lieb erlor,
Nicht gekaufte Kleider hat sie,
Noch auch großen Silberschatz!
Nun will ich ihr Kleider kaufen,
Nun will ich ihr Silber schmieden!

31.

Nimmer nehm' ein langes Weib ich,
Das vom Winde wird gebogen;
Eine kleine, starke nehm' ich,
Und der Wind bläst drüber weg!

32.

Furchtlos schritt ich durch das Bächlein,
Das die Kiesel birgt im Grunde;
Furchtlos nahm ich mir das Mädchen,
Das verachtet von den Leuten.

33.

Wo erwuchsest Du, mein Junge,
Das ich nimmer dich erblickte?
„Ich erwuchs am Meeresstrande
Unter grünem schlankem Schilfrohr."

Wo erwuchsest Du, lieb' Mägdlein,
Daß ich nimmer dich erblickte?
„Ich erwuchs beim Mütterlein
Unter schönen rothen Rosen."

34.

Rosiges Mägdelein
Läuft übers Feld;
Eile dich, Brüderlein,
Faß ihre Hand;
Hältst Du die Hand erst,
Wird sie Dein Bräutchen!

35.

Halb nur seine Eisenpforte
Hat der Fremde mir geöffnet.
„Oeffne eilig ganz sie, Frember,
Mit mir will die Laima*) einziehn,
Mit mir will die Laima einziehn
Unter weißem Tuch verborgen!

36.

— Heut in Strahlen
Ging der Mond auf
Und ein Jüngling
Wird Mann genannt nun!

---

*) Göttin des Glückes.

Heut in Strahlen
Ging die Sonn' auf
Und ein Mägdlein
Legt Frauentracht an!

87.

Brüder bergen's Schwesterlein
In dem Petersiliengarten;
„Bergt sie, Brüder, oder laßt es,
Finden wird sie doch der Freier!"

88.

Neiget euch, ihr schlanken Birken
Vor der rothen Abendsonne:
Also beugen sich die Bursche
Vor der Mutter dieser Tochter.

89.

Aepfelbäumchen flehte Gott an,
Diesen Herbst noch frei' das Mädchen!
Alle seine Aeste brachen,
Drauf sie Garn zum Trocknen aufhing!

40.

Blühe nur, Du bräutlich Mädchen,
Wie der Apfelbaum im Garten!
Diesen Herbst noch kommt mein Bruder
Deine Blüthen abzuschütteln!

41.

Zittre, zittre Espenblättlein,
Bebend in dem leichten Winde:
Also bebten unsre Schwestern,
Als sie mit den Freiern sprachen!

42.

Blühe mein Röslein
Hinter dem Dornstrauch,
Daß Dich nicht anbläst
Eisiger Nordwind!
Blühe mein Schwesterchen
Hinter den Brüdern,
Daß Dich der harte
Freier nicht sehn kann!

43.

Weiß erblüht der Apfelbaum,
Der gepflanzt an unsrer Grenze;
Weht der Wind, die Blüthen fallen
In des andern Herrn Gebiet.

44.

Prahlend sprach mein Brüderchen:
Eine Blume sei mein Liebchen!
„Nimm ein einfach Mädchen, Bruder,
Laß die Blume blühn am Seestrand!"

45.

Mir erwuchsen zwei der Brüder,
Beide Erbsenblüthen schön!
Für sie freit' ich Schwägerinnen
Wie zwei lichte Sonnenthränen!

46.

Hafer sät' ein großes Feld ich,
Nahm die Wittwe mir zum Weibe;
Ist denn Hafer kein Getraide,
Ist die Wittwe denn kein Liebchen?

47.

Mädchen weinet, wenn sie freit,
Weinet, wenn sie nicht freit;
Die da weinet, wenn sie freit,
Weinet nach der Mutter;
Die, wenn sie nicht freiet, weint,
Weinet nach dem Manne!

48.

Sagt, was kommt ihr fremden Leute
Nach den Blüthen unsres Landes?
Sollten denn in eurem Lande
Keine solche Blumen blühn?

49.

Kommet nicht, ihr fremden Leute,
Her zu uns mit leeren Taschen;
Denn wenn leer sind eure Taschen,
Geben wir die Schwester nicht.

50.

Guten Tag, ihr Diebsgesindel,
Wo ließt ihr das Schwesterchen?
Auf der Wiese? Oder ist sie
In die Klete*) eingeschlossen?
Ist sie auf der Wiese, wollen
Wir auf ihre Heimkehr warten;
Ist sie in der Klet' verschlossen,
Weiset uns ihr Kränzlein vor!

51.

Regnen, sagst Du, wird es nicht?
Strömend fällt der Regen nieder!
Freier, sagst Du, kommen nicht?
Horch! Schon wiehern ihre Rosse!

52.

Bräutlich Mädchen klagte sehr:
Kränzlein drücke ihr das Köpflein!
„Komm zu meinem Bruder, Mädchen,
Leicht sitzt Dir die Linnenhaube!

---

*) Klete oder Kleete = Vorrathshaus.

53.

Für die Mädchen blüht die Rose,
Für die Mädchen prangt der Mohn,
Für die Mädchen reiten stolze
Knaben ihre jungen Rosse.

54.

Weiße Blume, grünes Schilfrohr
Blühen an des See's Gestade,
Weiße Blum' ist meine Schwester,
Grünes Schilfrohr ist mein Liebchen.

55.

Schau das junge holde Mädchen
Sitzend dort im Apfelgarten,
Weiße Strümpfe, schwarze Schuhe
Und den Rosenkranz im Goldhaar.

56.

Zu den Blüthenbäumen ging mein
Schwesterchen und dort verblieb sie;
Hat ein Bienchen sie geworben
Einem Bienenvatersohn?

57.

Mal auf Mal hab' ich gedienert
Und geschmeichelt bei der Mutter;
Und nun muß das lede Mädchen
Also mir ein Schnippchen schlagen!

58.

Auf dem eisbefrornen Berge
Liegt der Tochtermutter Stübchen,
Konnte nicht hinaufgelangen
Mit dem unbeschlag'nen Rößlein.

59.

Was denkt wol die Tochtermutter
Müßig auf dem Hof spazierend?
Geh' zur Klete, geh' ins Stübchen,
Meine Fuhren mußt Du füllen.

60.

Gestern Abend kamen an wir
Mit sechs leeren großen Schlitten,
Alle soll die Tochtermutter
Mit der Tochter Brautschatz füllen.

61.

Hab' nur eine einz'ge Schwester,
Wem soll ich zum Weib sie geben?
Geb' ich sie dem Bauersmann,
Oder dem, der Silber schmiedet?
Lieber geb' ich sie dem Bauern,
Als dem reichen Silberschmiede,
Muß doch selbst der Silberschmied
Bei dem Bauern Brot sich holen.

62.

Mancher freit um Geld und Reichthum
Wol ein altersgraues Liebchen;
Brauch kein Geld und keinen Reichthum,
Brauch ein junges frisches Liebchen.

63.

Denk nur nicht, Du bräutlich Mädchen,
Daß ich kam nur Deinetwegen;
Wenn Du Gold nicht hast, noch Silber,
Schwing ich wieder mich aufs Rößlein.

64.

Was hast Du zu schaffen, Habicht,
Mit der Glucke kleinen Küchlein?
Was, Du langer Fremder, gehn Dich
Meine hübschen Schwestern an?

65.

Ach, ich armer Junge hatte
Drei Gedanken nur im Sommer:
Erstlich: Soll ein Weib ich nehmen?
Zweitens: Wo nehm' ich das Brot her?
Und der dritte der Gedanken
War: Muß ich Soldat nicht werden?

66.

Willst noch warten, bräutlich Mädchen,
Nicht Dir winden einen Brautkranz?
Meines Bruders Gerstenfelder
Sind schon goldenbraun zur Ernte!

67.

Schlag mich, Mütterchen, des Tages
Dreimal, wenn's Dir so beliebet, —
Nach den Mädchen steht mein Sinn doch,
Hab' nach flinkem Roß Verlangen.

68.

Nebel, Nebel war mir freundlich,
Doch zum Feinde ward der Thau mir;
Nebel barg mich vor dem Freier,
Als der Thau fiel, holt er ein mich.

69.

Glänze, strahle, liebes Kränzlein,
Heute noch auf meinem Köpfchen,
Morgen Abend wirst Du funkeln
In des Fremden Brautgemach.

70.

Bräutlich Mädchen, goldgelocktes,
Was hast Du für schöne Haare!
Alle meine Klugheit hast Du
In Dein schönes Haar verstricket!

71.

Einen goldnen Nagel schlage,
Fremder, in die Tannenklete;
Wo sonst hängst Du meinen Brautkranz
Auf, wenn Du ihn abgenommen?

72.

Warum hast Du mich genommen,
Du, der Sanfte, mich, die Heft'ge?
Stets mit Deinem sanften Muthe,
Schiltst Du meine Heftigkeit.

73.

Nimm' ein böses Weib Dir, Bruder,
Nicht die Sanfte, Liederliche;
Bald wirst Du die Böse zähmen,
Was beginnst Du mit der Sanften?

74.

Nun ists Abend, eil' Dich, Eichhorn
Und besteig der Tanne Wipfel;
Nun ists Herbst, ihr jungen Bursche,
Sattelt eure flinken Rosse.

75.

Gebt die Schwester nicht dem Schlechten,
Auch dem Guten gebt sie gleich nicht,
Lasset auch den Allerbesten
Dreimal satteln erst sein Roß.

76.

Komm' doch endlich, bräutlich Mädchen,
Halt nicht länger hin den Bruder;
Ist noch immer leer Dein Kasten,
Füll mit Tannenreis den Boden.

77.

Sah' nicht recht, im Dunkeln mahlend,
Wer zur Kammer eingetreten?
War's ein Mehldieb, oder war es
Eine andere Mahlerin?
War kein Mehldieb, der hereintrat,
War auch keine Mahlerin,
Nein, es war die Sohnesmutter
Eine weiße Haube bringend.

78.

Klein, ach klein nur ist mein Köpfchen,
Klein auch meine Perlenkrone,
Nachricht sandt' ich in die Fremde,
Daß man klein die Haube nähe.

79.

Dicht und schön wächst dort die Birke,
Wo der Graben säumt die Straße;
Wer mir ihre Blätter auszählt,
Der soll um mich werben dürfen.

80.

Tief aufseufzt des Waldes Tanne,
Die erweicht vom feinen Regen,
Bitter weint mit tiefem Seufzen,
Der mein erster Bräutgam war.
„Wein' doch nicht und laß das Seufzen;
Nehm' als Marschall Dich zur Hochzeit,
Nehm' als Marschall Dich zur Hochzeit,
Schenk' ein feines Linnenhemb Dir.

81.

Ficht' und Tanne weinten bitter,
Als sich der Wachholber putzte;
Also weint' der Mutter Tochter,
Als das Waislein fuhr zur Trauung.

82.

Ihr Gespinnste spinnt die Laima·
Auf der Bergeshalbe sitzend;
„Spinn' mich Arme doch zusammen
Mit dem reichen Vatersohn."

88.

Hätt' ich früher nur gewußt,
Daß der Taugenichts mir nachgudt,
Hätt' ich wol mein schönes Kränzlein
Ganz bestreut mit Kohlenasche.

84.

Brüderchen, Brüderchen,
Nimm' Dir ein Weibchen!
„Wo nehm' ichs, Schwesterchen,
Strunt*) nur ist übrig!"
Nimm' doch denselben
Faulpelz vom Hofe,
Hat doch gar schweren
Geldsack der Faulpelz.

85.

Als auf der Wiese
Blumen ich pflückte,
Traf mich der Freier,
Zog mir den Ring ab.
„Freier wie legst Du
Wol meinen Ring an?
Klein ist mein Händchen,
Ringlein zu klein Dir."

86.

Durfte nicht nach Hause gehen,
Vor der Mutter nicht mich zeigen;
Freier zog den Ring vom Finger
Mir, der lieben Mutter Gabe.

---

*) Strunt = Quark.

87.

Fremden Landes Vatersohn,
Welcher Wind hierher denn blies Dich?
Soll ich, hier gebor'n, erwachsen,
Mit Dir in die Fremde ziehn?

88.

Zittre, zittre Birkenwäldchen,
Mein Gesang macht Dich erbeben;
Bin ich fort erst in der Fremde,
Macht die Nachtigall Dich zittern.

89.

Langsam reiten sachte Freier
Ueber meines Bruders Felder;
Wartet nur, ihr sachten Freier,
Langsam werd' ich mich bedenken.

90.

Nicht betrüg' mich, Mütterchen,
Wirf nicht Blüthen in den Brautschatz,
Trügst Du mich und fehlt's dem Fremden,
Wird er böse Worte geben.

91.

Silbern ging die Sonne auf,
Als die Mutter mich geboren,
Aber golden ging sie unter,
Als dem Mann ich folgt' zur Fremde.

92.

Bitter weinet nun das Mädchen,
Das mit mir sich hat verlobet;
Wüßt ich, daß sie weinen würde,
Hätt' ihr nicht die Hand geboten.

93.

Mit beschlagnem Pferdchen sät' ich
Hinterm Berge aus die Leinsaat,
Mit beschuhtem Füßchen fuhr zum
Herbst ich heim die Rauferin.

94.

Dem Verstand gefiel das Mädchen,
Doch dem Herzen ward sie lieb nicht,
Hätt' dem Herzen sie gefallen,
Wär' sie nun mein schönes Liebchen!

95.

Mit mir ist des Nachbar's Tochter
Aufgewachsen hold und lieblich.. —
Nun hat sie gefreit den Andern
Und ließ mich in Liebesschmerzen.

96.

Klag das Schicksal an, o Mädchen,
Aber gib nicht mir die Schuld,
Ich hätt' nimmer Dich genommen,
Wär es nicht des Schicksals Fügung.

Oder:
Bei der Laima klage, Mädchen,
Warum willst Du vor mir weinen?
Hätt's die Laima nicht gefüget,
Hätt' dich wahrlich nicht genommen!

97.

Ach, ihr bösen lieben Brüder,
Bin ich also schon zur Last euch,
Daß dem ersten, der da anklopft,
Ihr die Schwester geben wollt?

98.

Kaum noch war ich aufgewachsen,
Hatte noch daran gedacht nicht,
Und schon klopften Freier an
Bei des Vaters Eisenthüre!

99.

Eine Stunde wiehert schon
An der Pforte laut mein Pferdchen; —
Ist mein junges Liebchen denn
In den Todesschlaf gesunken?
Eile Dich, mein junges Liebchen,
Eil' die Pforte aufzumachen,
Sporen drücken mir die Füße,
Kann die Zügel kaum mehr halten!

100.

Rasches Bächlein trug davon
Meinen goldnen Mädchenkranz,
Gebe Gott, daß bald ein Freier
Nun mich selber führ' von dannen.

101.

Nichts mir half es Gott zu bitten,
Noch den Zaubrer zu beschenken, —
Und doch kommen ungebeten
Freier nicht, nach mir zu schauen!

102.

Hurrah, hurrah!
Graugelbe Wölfe
Entführten Mütterchens
Schneeweißes Lämmchen!
Jagen wir nach ihm,
Wenn wir den Raub nicht
Wiedererhalten,
Schelten wir tüchtig!

103.

Ach du meine tolle Thorheit,
Daß ich jung ein Weib genommen!
Auf mich hat der Herr gescholten,
Vater, Mutter auf mein Weib!

104.

Nun ist's Zeit, Du bräutlich Mädchen,
Deine Brüder zu verlassen,
Nicht mehr schließt Dein Brautschatzbeckel,
Kleetenbiel' ist eingebrückt schon!

105.

Hoch verschwor sich meine Schwäg'rin,
Nie würd' ich 'nen Mann bekommen;
Sieh, da wollte es das Schicksal,
Daß ihr Bruder um mich freite!

106.

Flocht ein Blüthenkränzlein mir,
Wol aus hundertdreißig Blumen,
Welcher Bursch die Zahl erräth,
Dessen Bräutchen will ich werden.

107.

Jung noch war ich, unbedachtsam,
Ging in Laima's Badestube.
Bot mir Laima einen Stuhl an,
Schmückte ihn mit schönen Perlen.
„Biet mir keinen Stuhl an, Laima,
Bin ein Mädchen, will nicht Weib sein".
„„Setz Dich, Mädchen, fürchte nimmer,
Noch erlebst Du's, daß Du Weib wirst!
Will Dir hundert Kühe schenken,
Hundert weiße Wollentücher,

Aber Deinem Bräutgam schenk' ich
Fünf lichtbraune flinke Rosse."""

108.

Kaum sah mich der fremde Freier,
Als er mich auch haben wollte!
Bin ich denn ein Vogelkind,
Das man so vom Baume greift!

109.

Mädchen, Du mit rother Wange,
O, wie hast Du mich betrogen!
Hast Dich doch mit mir versprochen, —
Fährst nach Mitau mit dem andern!
Geh mit Gott, fahr mit dem Russen,
Ich bekomm' schon eine andre!
Hab' ich erst ein andres Mädchen,
Dann wirst Du vergebens weinen!

110.

Liebes Mädchen, blondgelocktes,
Stille doch mein Herzverlangen!
Ach, in Deinen blonden Locken
Hat sich mein Verstand verfangen!

111.

Wie im Meer an Felsenriffe
Sich die Schaumeswelle legt:
Schmiegt sich unter all' den Fremden
An den Bruder sanft die Schwester.

II.

Heimath und Fremde.

112.

Windesmutter, geh' zur Ruhe,
Rüttle nicht des Hauses Thüre!
Drinnen schläft mein Mütterchen
Ihr gewohntes Vesperstündchen.

113.

Schwer ist's auf den Berg zu steigen,
Leicht lief nieder ich ins Thal!
Oben sitzt die fremde Mutter,
Unten mein lieb Mütterlein!
Auf dem Berg die fremde Mutter
Sitzt von Dornen rings umwachsen;
Um mein Mütterchen im Thale
Blühen schöne weiße Rosen!

114.

Mutter ließ mich in die Fremde
Und versprach zu weinen nicht;
Aber kaum im Wagen saß ich,
Als sie schon zu weinen anhob;

Kaum erst war ich bei der Pforte,
Als sie jammernd nach mir rief,
Als sie jammernd nach mir rief,
Schluchzend rang die alten Hände!

115.

Plätschernd, rieselnd fließt das Bächlein,
Fort mich lockend in die Fremde;
Fließ allein nur weiter, Bächlein, —
Mütterchen würd' um mich weinen!

116.

Aus dem kleinen Bächlein hebt sich
Alle Abend' feuchter Nebel;
Alle kleinen Brüder weinen
Heiße Thränen um die Schwester!

117.

Schwesterchen, Du liebes schönes,
Wellen wirst Du in der Fremde!
Weit die Weiden, weit die Wiesen
Und im Thale liegt der Brunnen!

118.

Wo Du hingehst, Brüderchen,
Wird die Schwester Dich begleiten;
Wo Du Deinen Säbel aufhängst,
Häng' mein Kränzlein ich dazu.

119.

Auf dem Fels erwuchs die Birke
Goldne Blätter trug ihr Wipfel;
Ich erwuchs bei meiner Mutter
Golden Kränzlein auf dem Haupte.
Wind blies fort die Birkenblätter
Und der Fremde nahm mein Kränzlein!

120.

Als der Fremde um mich freite,
Lobte laut er seinen Wohnort:
Auf dem Berge blüht der Faulbaum
Und im Thale Apfelbäume!
Als ich folgte, ach, da fand ich
Schlechten Wohnort in der Fremde:
Auf dem Berge wuchsen Dornen,
Schlechte Ellern nur im Thale!

121.

Nicht gewußt hast Du, o Frember,
Was in meines Kastens Grunde!
Tief im Grund des Kastens barg ich
Eine hartgeflochtne Peitsche,
Damit will ich heim Dich peitschen,
Heim vom Kruge in den Hof!

122.

Warum gräbst du einen Brunnen,
Frember, den Du doch nicht brauchest?
Wäschst Du Dich nicht jeden Morgen
In der Schwester bittern Thränen?

123.

Als ich bei der Mutter lebte,
War ich weiß wie Flachs von Antlitz;
Doch die Fremde färbte gelb mich,
Gelber, als die Gerstenähre!

124.

Wenn die Erde nur so leicht wär',
Wie mein großes Wollentuch ist,
Hätt' ich meinen Rosengarten
Mitgenommen in die Fremde.

125.

Wie den Hund am Stricke führte
Zu den Brüdern ich den Fremden,
Weiß der Schuft doch, wie er lebte,
Und er fürchtet meine Brüder!

126.

Halt in Deinem Lauf, o Sonne,
Laß mein Flehen Dich erbitten!
Ueberbring der lieben Mutter
Hundert-schönen guten Abend!

127.

Ach, um meinen schönen Brautkranz,
Mehr von Golde, als von Silber!
Ab nahm ihn die Schwiegermutter,
Wie den Morgenthau die Sonne!

128.

Seidnen Einschlag, goldnen Aufschlag,
Also webt' ich meine Tücher.
Ist die Schwiegermutter freundlich,
Häng ich eins ihr um die Schultern.
Ist sie aber geizig, heftig, —
Nicht von ferne zeig ich's ihr!
Eine Stierhaut häng' ich um ihr,
Daß sie brüllend hin und her läuft,
Mit den Füßen Sand aufwühlend!
    Brüll', mein Ochslein,
    Brülle, brülle!
    Du magst brüllen,
    Ich frohlocken!

129.

Es verlangt die Schwiegermutter,
Daß ich ihr den Stuhl anbiete!
Einen Dornstrauch setz' ich hin ihr,
Daß sie drauf die Schenkel wende!

130.

Schwiegermutter schaut durch's Fenster
Mit der langen spitzen Nase;
Hätt' ich eine Nadel bei mir
Stäch' ich ihr sie in die Nase!

131.

In des fremden Mannes Kleete
Stehen Becher drei von Silber,
Wein in einem, Meth im andern,
In dem dritten meine Thränen.
„Trink' vom Weine, trink vom Methe,
Aber trink' nicht meine Thränen,
Süß ist Wein und süß der Meth auch,
Aber bitter sind die Thränen."

132.

Schwesterchen, lob' nicht die Fremden,
Schmähe nimmer Deine Brüder;
Wen willst einstmals Du besuchen,
Wenn Du Deine Brüder schmähtest?

133.

Brüder, merket auf das Zeichen,
Das die Rose euch will geben,
Da sie ihre Blüthenzweige
In des Nachbars Garten strecket.

134.

Viele Zweige hat mein Brautkranz,
Niedrig sind des Fremden Thüren,
Als ich eintrat brach ein Zweiglein,
Beim Hinausgehn wieder eines.
Leid besonders that mir jenes,
Welches abbrach beim Hineingehn,
Denn ein goldnes brach beim Eintritt,
Beim Hinausgehn eins von Silber.

135.

Klagend schreit die Gans im Walde,
Da sie an den See gewöhnt ist;
Schwester klaget in der Fremde
Nach des Bruders Haus sich sehnend.

136.

Bitter klagt mein Eisensäbel
Um die Schwester in der Frembe,
Da er hörte, daß die Schwester
In der Frembe wird verachtet.

137.

Roth erglühend ging die Sonn' auf,
Doch verblaßte sie im Laufe,
Jung noch ging ich in die Frembe,
O wie macht' mich alt das Leben.

138.

Komm heraus, Du Schelm von Schwager,
Hab' ein Wort mit Dir zu reden!
Warum weint so sehr die Schwester?
Hat sie schlecht das Korn gemahlen?
Trägst Du ungewaschne Hemden?
Hab' Dich in der Hand und meinem
Säbel, ist Dein Kopf verfallen!
Nur das Eine macht mich zögern, —
Wer wird Brot der Schwester geben?

139.

Meinen kleinen Bruder setzte
Ich auf einen hohen Stuhl hin,
Groß erscheint er so den Fremden
Und sie fürchten seine Worte.

140.

Fürchte nichts, Du Sohnesmutter,*)
Nicht verloren geht Dein Theil Dir!
Wolgetränkter Faulbaumknüttel
Liegt in meines Kastens Grunde.
Willst Du Ehrfurcht, Sohnesmutter?
Nehm ich gleich die Wagenaxe,
Will Dir mit der Wagenaxe
Meine schuld'ge Ehrfurcht zeigen!

---

*) Schwiegermutter.

141.

Nicht erkannt' ich mehr die Schwester,
Die man führte in die Fremde,
Blaß, verweint sind ihre Wangen,
Fort der schöne Perlenkranz!

142.

Schuster, mach' mir neue Schuhe,
Setz' von Stahl die Sohlen drunter;
Voller Kiesel ist die Fremde,
Feuer schlag' ich dort im Gehen.

143.

Schlafend schmiegt' ich an den harten
Grauen Stein mein müdes Köpfchen.
Lieber schmieg' ichs an den Stein doch,
Als an bösen Vatersohn;
Eine Nacht nur hab' den Stein ich,
Doch den Vatersohn für's Leben!

144.

Schnatternd kehren heim die Gänse
Von des Teiches grünem Röhricht,
Weinend kehret heim die Schwester
Von den bösen harten Fremden.
„Weine, weine nur, o Schwester,
Nimmer kann ich Dich bedauern,
Fragtest irgend wen um Rath Du,
Als die Hand Du gabst dem Fremden?"

145.

Schlag', Perkunos, diesen Fremden
Durch das Wasser auf den Stein hin!
Warum hat er meine Schönheit
Erst gelobt und dann verachtet?

146.

Singe mit mir, fremdes Mädchen,
Warum bist Du denn so blöde?
Nimmer wird Dich doch mein Singen
Mit entführen in die Fremde!
Habe selbst schon bei den Brüdern
Mich mit einer Maid versprochen.

147.

An dem Zaune steht die Weide,
Unter ihrem Schatten wuchs ich;
Als man mich zur Fremde führte,
Brach der Sturmwind ab die Weide.

148.

Geh' zum Kruge trinken, Fremder,
Was begehrst Du meine Thränen?
Ist nicht süß das Bier im Kruge,
Sind nicht bitter meine Thränen?

149.

Meint', ich hätte in dem Fremden
Einen Sonnenstrahl erhalten;
— Ach, es war ein rauher Dornstrauch,
Stillt den Durst mit meinen Thränen!

150.

Gerne sitz ich in der Sonne,
Wie bei meinem Mütterchen, —
's ist so warm und schön bei ihr,
Nur — daß sie nicht sprechen kann!

… III.

Waisenlieder.

161.

Sonne, blick' zurück im Laufe,
Wer in Deinem Schatten folgt?
Hundert kleine Waisenkinder
Bloßen Fußes suchen Dich!

162.

Hinterm Berge steigt der Rauch auf,
Wer hat Feuer angezündet?
Lieb' Maria heizt die Badstub',
Drinn die Waisenmägdlein baden.

163.

Waisenmägdlein, allerärmstes,
Schwer verdient es sich das Wolltuch!
Laufend wischt es sich den Schweiß ab,
Ruhend seine heißen Thränen!
Uebers Feuer reicht die fremde
Mutter ungern ihr das Brot hin,
Um das Feuer läuft das Waislein,
Daß das Händchen nicht verbrenne!

154.

Wohin eilte lieb Maria,
Hoch ihr seiden Röcklein schürzend?
Waislein führt man dort zur Kirche,
Und sie eilt, den Brautschatz bringend!

155.

Innig bat ich meine Mutter,
Daß sie nicht das Waislein schelte!
Gott erhört der Waise Klagen,
Die in Thränen zu Ihm aufblickt!

156.

Ei, Du kleines Waisenmägdlein,
Wie so schön bist Du erwachsen!
Schlafen konnt' ich nicht die ganze
Nacht vor lauter Deingedenken!

157.

Was strahlt dort noch spät am Abend,
Da die Sonne nicht mehr scheinet?
Lieb' Maria glänzend gehet,
Hört, daß Waislein sich verlobe.
„Ach Du irrst Dich, lieb Maria,
Schau, wie leer sind meine Hände!"
Geh' nur, Waislein, sorg' Dich nimmer,
Helfen will ich Deiner Armuth.

Geb' Dir hundert bunte Kühe,
Geb' Dir hundert weiße Schafe,
Bitte selbst, daß Gott dazu Dir
Schenke hundert braune Rosse.

158.

Ach wer laufet wol im Laden
Für die arme Wais' ein Kränzlein?
Roggenblumen, Dornenblüthen
Taugen für der Waise Kränzlein.

159.

Aus der Leute bösen Reden
Ist der Waise Kranz geflochten;
Nicht vom Thaue wurde feucht er,
In der Sonne nicht erbleicht er!

160.

Auf dem Berg wuchs schön die Rose,
Schöner wuchs sie auf im Thale;
Wol war schön die Muttertochter,
Aber schöner noch das Waislein.

161.

Ich erkannt' das Waisenmägblein
Aus der ganzen Mädchenreihe;
In der Hand das weiße Tüchlein,
Das die heißen Thränen trocknet.

162.

Ach, was hab' ich denn vom Leben?
Gott erbarmet sich der Todten!
Hab' den Vater, der mich lobt, nicht,
Noch die Mutter, die mich tröstet!

163.

Was verziehst Du, liebe Sonne,
Warum gingst nicht früher auf Du?
Hab' gesäumet hinterm Berge,
Um das Waislein zu erwärmen.

164.

Waislein liefen alle, all' wir
Auf den Berg der Sonnenblumen,
Trockneten uns dort die Thränen
Mit den Sonnenblumenblättern.

165.

Sterbend sagte meine Mutter:
„Eine Waise bleibt mein Kind nach!"
Sterbend sagte mir die Mutter:
„Ziehe fest des Leibes Gürtel,
Viel wird man Dir Arbeit geben,
Aber wenig Brot zu essen!"

166.

An des raschen Bächleins Rande
Kauerten die armen Waisen,
Wartend, daß des Baches Wellen
Wiederbringen Mütterlein!
Bringen blanke Kieselsteine,
Mütterlein kehrt nie zurück!

167.

Eitle Thränen eitlem Zierath
Weint sie nach, am Hause sitzend;
Meine Thränen fließen reichlich
Um die Mutter, ihrem Rath.

168.

Ach die Sonne! ach die Erde!
Feinde sind sie meiner Ruh':
Sonne scheint nicht meinem Vater,
Erde deckt die Mutter zu.

169.

Nur im Sande kann ich pflügen,
Nur um's Waisenmägdlein werben;
Wer gibt mir wol fetten Acker,
Oder reicher Mutter Tochter!

4*

170.

Nimm' das Waislein, Brüderchen,
Wahrlich vornehm ist die Sippe!
Gott ist Vater, Laima Mutter,
Brüder sind die Gottessöhne!

IV.

Arbeit für Mensch und Thier.

171.

Eil' Dich, Sonne, und geh' unter,
Mitleid hab' mit Deinen Kindern!
Halb' erfroren sind die Hirten,
Und die Knechte sind so müde!

172.

Wachset, meine bunten Kühe,
Springend, tanzend auf der Weide!
Jedem Reiber in die Augen
Will ich grünen Rasen werfen!

173.

Ging zur Hütung Sonntag Morgens,
Wand den Nebel mir zum Knäul;
Als die Fremden ich erblickte,
Hüllt' ich in den Nebel mich.

174.

Ging als Hüterknab' zur Hütung,
Hüterkleider auf dem Rücken:
Schuijenröcklein*), Zwiebelhemblein,
Und die Mütz' aus Birkenbaft.

175.

Wolgestriegelt, wolbedecket
Ließ ich auf die Weid' den Braunen,
Daß die Mädchen aus dem Dorfe
Auf des Knechtes Rößlein schauten!

176.

Trabe munter, Du mein Rößlein,
Schleich' nicht, Deine Schritte zählend;
Wenn ich Dir den Hafer bringe,
Zähl' ich einzeln Dir die Körner?

177.

Weißfuß, Du mein liebes Rößlein,
Schande hast Du mir bereitet!
Als Dein Füßchen ausgeglitten,
Fiel die Mütze mir vom Kopfe!

---

*) Schuijen = Tannenzweige.

178.

Hab' mit glänzend reinem Silber
Mir mein schwarzes Roß beschlagen,
Nun kann ich's im Finstern reiten
Eh' der Mond am Himmel aufgeht!

179.

Wolf verlangt nach meinem Rößlein,
Hinterm Weidenbusche lauernd;
Gab dem Wolfe eine Kugel,
Ritt davon auf meinem Rößlein.

180.

Sagt, wie sollte denn nicht seufzen
Tief des Fuhrmanns armes Roß!
Vor sich sieht es steile Berge,
Hinter sich das schwere Fuder!

181.

Heute Morgen stand ich früh auf,
Um den Bienenstock zu richten,
Kommen Bienchen drei geflogen
Tadeln meinen Stock im Eichbaum!
Nehmt, ihr Bienchen, Beil und Säge,
Richtet selbst euch euern Stock ein,
Bauet selbst euch eure Wohnung
Ganz nach eurem Wohlgefallen!

182.

Warum wollet denn im Walde
Diese Nacht, ihr Bienchen, schlafen?
„Haben süße Blüthen funden,
Schweres Fuder aufgeladen!"

183.

Bienenvaters beide Söhne
Weinen an dem Wentaufer;
Wenta trägt den Eichenstamm fort,
Fort mit allen kleinen Bienen!

184.

Sum sum summend fliegt ein Bienchen
Um mein Kränzlein hin und her;
Werben will's um mich wahrscheinlich
Für des Bienenvaters Sohn.

185.

Machet Platz dem Hochzeitszuge
Von des Bienenvaters Tochter!
An den Füßen Wachsschuh, auf dem
Haupt den Bienenstachelkranz!

186.

Gleite fröhlich hin, mein Nachen,
Keine Baumstümpf' sind im Meere,
Wie sie auf dem Felde stehen
Und zerbrechen manche Pflugschaar.

187.

Meeresmutter, Meeresmutter,
O gebiete Deinen Mägden!
Sieh, sie sitzen rings am Ufer,
Lassen nicht ins Meer hinaus mich!

188.

Bau ein Boot mir, lieber Vater,
Mütterchen, web' mir ein Segel!
Nun will ich hinaus ins Meer,
Kämpfen mit dem bösen Nordwind.
Ob er weißen Schaum auch aufwirft,
Weißer doch erglänzt mein Segel!

189.

Wenn Du Gott im Trunke bittest,
Wirst Du ihn erzürnen nur;
Bete pflügend, bete eggend
Und gewiß wird Gott Dich hören.

190.

Pflüget, pflüget, meine Brüder,
Fahrt nicht fischen auf den See;
Nicht erklingt das Boot von Silber,
Wol klingts in des Pflügers Stube.

191.

Eine Gerstenähre fand ich
An dem Grabenrande liegen,
Lud sie schnell in meinen Schlitten,
Führt' sie auf den frischen Acker.
Von der einen Gerstenähre
Lud ich später hundert Fuder.

192.

Sah den Fremden hinterm Pfluge
Stehn und statt zu pflügen — schlafen!
Ging vorüber, weckt' ihn auf nicht,
Wollt' ihm keine Schande machen.

193.

Wachs' und blühe, Du mein Flachsfeld,
Nicht verlanget mich nach Silber!
Leg' ich an mein weißes Hemde,
Glänzt es ja wie reines Silber.

194.

Komm doch endlich, lieber Frühling,
Komm und bring die Nachtigall mit!
Einen jungen Pflüger hab' ich,
Der noch nicht die Saatzeit kennet.

———————

195.

Hände froren mir und Füße,
Wäsche klopfend an der Düna;
Warf das Klopfholz in die Düna,
Eilte selber zu den Brüdern,
Eilte selber zu den Brüdern,
Händ' und Füße zu erwärmen.

196.

Wohin eilest Du, mein Hähnchen,
Durch den Thau am frühen Morgen?
„In das Dorf die Mädchen wecken,
Welche keine Mutter haben."

197.

Keinen kümmert's, Keinem schadet's,
Wenn ich mahl' vor Sonnenaufgang;
Meine Nachtruh', meine Arbeit,
Beide sind mein Eigenthum.

198.

Also sprach der junge Roggen,
Als er in die Mühle einging:
Wo ist meine Mahlerin?
Ungeschmücket ist die Mühle!

199.

Kaufte mir ein schwarzes Rößlein
Von dem schnellen Wasserwirbel,
Wenn ich's ritt und wenn ich's kutschte,
Tanzt' es wie des Bächleins Wellen.

200.

Nicht die scharfgespornten Stiefel
Zähmten mir das wilde Rößlein, —
Alle Morgen bracht' mein Liebchen,
Ihm ein volles Maaß von Hafer.

201.

Nimmer, Du mein gutes Rößlein,
Will ich Dich für Geld verkaufen;
Selber bringst Du Geld nach Hause
Wol mit Deinen raschen Füßchen.

202.

Was sind das für schwarze Rosse
Dort vor meiner Riegenthüre?*)
Das sind ja die Weihnachtsrosse,
Führen Roggen in die Klete.

203.

Unter einer grünen Eiche
Band ich an mein gutes Rößlein,
Deckt's mit einer seidnen Decke,
Die bis auf die Hufe hing.
Daß die Mücken und die Fliegen
Nicht von meinem Rößlein zehrten.

204.

Sonne, liebes Mütterchen,
Zeige Dich dem armen Hirten!
Lang wird sonst der Tag dem Hirten,
Wenn er nimmer Dich gesehen.

205.

Für den Hirtenknaben schickt sich
In der Hand die grüne Ruthe,
Aber für die Schwester schickt sich
Wol der Kranz von rothen Rosen.

---

*) Riege = Gebäude zum Trocknen und Dreschen des Getreides.

206.

Hirtenknab' am Wegesrande
Hütet ein „Gott helf!" erwartend;
Fahr zum Teufel, Reisender,
Der ihm nicht „Gott helf!" geboten.

207.

Liebe Hirten, treibet nicht
Durch das kleine Thor die Herde,
Daß nicht eure muntern Kühe
Meinen kleinen Bruder treten.

208.

Auf die Hütung wandre, Mädchen,
Hüll' Dich in das Hütertuch ein;
Freier werden Dir schon kommen,
Ob Du auch ein Hütertuch trägst.

209.

Warum netzest Du mit Thränen,
Mich, Du grünes Birkenwäldchen?
Hab' doch auf der Hütung nur, mir
Eine Ruthe abgeschnitten

210.

Hing am Sonntagmorgen hütend
An der Linde meinen Kranz auf;
Linde blühte drei der Jahre
Voll der schönsten goldnen Blüthen.

211.

Geh nun in den Stall, mein Kühlein,
Freier sind herangeritten,
Laß mir Zeit, daß ich erhorche,
Ob die Mutter mich versprochen.

212.

Kühlein, Du mein buntgeschecktes,
Wonach brülltest Du am Abend?
Sehntest Du nach goldnem Stall Dich
Oder nach der Silberkrippe?
„Nicht nach goldnem Stalle brüll' ich,
Auch nicht nach der Silberkrippe;
Aber faul ist meine Wirthin,
Wollt' nicht kommen, mich zu melken."

213.

Gott verzeih' es diesem Fremden,
Der die Rödung ausgebrannt hat!
Weiß war ich und wurde schwarz dort,
Als ich meine Kühe weidet'!

214.

Bienchen, Deine stolze Tochter
Mit den feinen braunen Füßchen,
Auf dem Eichenbaume sitzend,
Neckt den Bienenvatersohn.

5

215.

Waldesbiene schrieb ein Briefchen
An Feldbienchen, daß es nimmer
Blüthen sich im Walde suche,
Da der Wald in Flammen stehe.

216.

Zieh' drei Röcke an, mein Bruder,
Hast Du doch drei Weberinnen;
Mütterchen und Bräutchen webt' Dir,
Bienchen webet Dir im Eichstamm.

217.

Eines Fischers Tochter war ich,
Aß im Boote meine Vesper,
Aß im Boote meine Vesper,
Hängt' im Schilfe meinen Kranz auf.

218.

Gleite ruhig hin, mein Nachen,
Keine Baumstümpf' sind im Meere;
Auf dem Feld nur sind sie, wo der
Pflüger dran den Pflug zerbricht.

219.

Lieber geh ich unter Segel,
Als in nasser Erde pflügen;
Geld verdienet mir das Segel,
Sandhafer trägt nasse Erde.

220.

Kommt, ihr Mädchen, laßt uns schauen
Linnen, auf dem Meer gewebt!
Schilf ist Aufschlag, Schaum ist Einschlag,
Aber Weber ist der Sturmwind!

———

V.

Sang und Trank.

221.

Laßt uns singen, liebe Schwestern,
Weil wir noch beisammen sind!
Gott nur weiß, wo übers Jahr
Jede von uns weilen wird:
Manche in der weiten Fremde,
Manche unter sand'gem Hügel!

222.

Nie an Liedern litt ich Mangel,
Nicht bei Tage, nicht zur Nachtzeit;
Als ich klein war, legt' die Mutter
Nachtigall mir in die Wiege.

223.

Vor das Fenster meines Stübchens
Pflanzt ich einen Weidenbusch;
Sang ich selbst im Stübchen, sang die
Nachtigall im Weidenbusch.

224.

Schön und hell ist meine Stimme,
Ob ich klein auch bin von Wuchs;
Sang zu Hause, doch der Wind trug
Meine Lieder in die Fremde!

225.

Singe, singe, arme Waise,
Kennst Du doch gar viele Lieder;
Ohne Vater, ohne Mutter,
Nur im Singen hast Du Trost!

226.

Bitter schall mich meine Mutter,
Um des vielen Singens willen.
„Mütterchen, wo soll ich lassen
Meinen frohen Sangesmuth?
Soll ich meinen frohen Muth
In den tiefen See versenken?"

———

227.

Dort ist's lustig Bier zu trinken,
Wo die Wirthe froh und lustig;
Mit der frischen Kanne bringen
Jedes Mal ein frisches Lied sie!

228.

Hinterm Berge sä't' ich Gerste,
Daß der Hopfen es nicht merke;
Aber pfiffig ist der Hopfen,
Steigt auf einen Baum und lauert!

229.

Ach Du Hopfen, struwellöpf'ger,
Was verübtest Du am Männlein?
Männlein stolpert auf dem Wege,
Hin und her die Mütze schwenkend!

230.

Darum ging ich nur zu Gaste,
Um an Bier mich satt zu trinken;
Sollt' ich dort mich satt nicht trinken,
Wär' es leid mir um mein Gehen,
Wär' es leid mir um mein Gehen
Durch den tiefen, tiefen Koth.

231.

Drei Loof*) hab' ich voller Lieder
In des Bruders Klete stehen;
Zwei hab' ich schon ausgesungen,
Hob vom dritten erst den Deckel

---
*) Getreidemaß.

232.
Herrlich sang die Nachtigall
An dem grünen Waldesrande;
War es auch die Nachtigall?
War's nicht meines Liebchens Stimme?

233.
Singet, Mädchen, zögert nimmer,
Blühten euch die Rosen schon?
Ich sang fröhlich, mir erblühten
Goldne Rosen schon zum Brautkranz.

234.
Alle meine schönen Lieder
Stiegen auf des Eichbaums Wipfel;
Wiegt im Winde sich der Eichbaum,
Klingen alle meine Lieder.

235.
In die Mahlstub' gingen Mädchen,
Mich, die Kleine, nahmen mit sie;
Sollte nicht beim Mahlen helfen,
Lieber sollt' ich ihnen singen.

236.
Such Dir, Brüderchen, zum Bräutchen
Eine gute Sängerin,
Eine gute Sängerin,

Ist auch fleißig bei der Arbeit.
Ich war eine gute Säng'rin
Und bin fleißig bei der Arbeit.

237.

Singe, finge, Hütermädchen,
Deinen linken Fuß erhebend;
Hebst Du Deinen rechten Fuß auf,
Bringt der Herbst Dir einen Mann.

238.

Alle meine Lieder sang ich
Hütend meines Bruders Kühe,
Nur ein Lied behielt zurück ich,
Das sing' ich nach Hause treibend,
Das sing' ich nach Hause treibend
Meinem kleinen Schwesterchen.

239.

Lieber lehr' mich, Mütterchen,
Aus der Pforte mich geleitend,
Daß ich in der Fremde mag
Singen sie am langen Abend,
Singen sie am langen Abend
Auf die lieben Brüder wartend.

240.

Ein betrunken Männlein war ich;
Wer wird mich in's Bette heben?
Nimmermehr mein junges Weiblein,
Denn sie weint und schämt sich meiner.

241.

Ein betrunken Männlein war ich,
Aber nüchtern war mein Rößlein;
Wie sollt' ich, der trunken war,
Wol mein nüchtern Rößlein lenken!

242.

Nicht in gleichem Alter sind wir,
Brüder, mit dem Bier im Keller;
Fanden's vor bei der Geburt schon,
Lassen's hinter uns beim Sterben.

243.

Branntwein hab' ich, Bier getrunken,
Doch vertrank ich den Verstand nicht;
Mußte ja Verstand behalten
Mit dem Herrn mich zu bereden.

244.

Trinker klagte sehr und sprach:
Wo nehm' ich ein Bräutchen her?
Weiße Blum' am Seegestade
Soll mein liebes Bräutchen sein.

Doch die weiße Blume sprach:
Lieber stürz' ich mich ins Wasser,
Lieber stürz' ich mich ins Wasser,
Als daß ich den Trinker freie!

245.

Wol zum Kruge wußt' den Weg ich,
Aber wußt' ihn nicht zur Kirche!
Ach, sie tauften mich im Kruge,
Brachten nimmer mich zur Kirche!

246.

Heda! Brüderchen!
Wo ist die Mütze?
Im Krug, Schwesterchen,
Als Bierkannendeckel!

247.

Leert ein Schwein doch seinen Trog nicht,
Patsch! hinein mit beiden Füßen;
Keinen Becher leert der Gutsherr
Ohne Schimpfen auf die Knechte.

248.

Lieber wollt mein ganzes Leben
Ich des Herren Schweine hüten,
Als nur einen Theil des Jahres
Eines Trinkers Liebchen sein!

Johannislieder.

249.

Große Bursche, kleine Bursche,
Schlaft in der Johannisnacht nicht;
Schläfer in Johannisnacht
Findet nimmermehr ein Liebchen!

250.

Stoß, Johannes, in Dein Erzhorn,
Auf dem hohen Berge stehend,
Daß sich die Johannismutter
Aus den weichen Kissen hebe!

251.

Saß Johannes auf der Eiche,
In den Zweigen seine Kinder;
Steig', Johannes, von der Eiche,
Führ' die Kinder in die Stube.

252.

Auf die Berge stieg Johannes
Eine Graslast auf dem Rücken;
Steig' hinab ins Haus, Johannes,
Gib sie meinen lieben Kühen.

253.

Töchterchen hat zwei Johannes,
Eine große, eine kleine;
Geld bringt ihm die große Tochter,
Silber bringt ihm heim die Kleine.

254.

Guten Abend, großes Dörfchen,
Wartest auf Johannislinder?
Wenn Du gastlich sie erwartest,
Oeffne Deine Eisenpforten.

255.

Gib, Johannismutter, Essen
Diesen fremden Wandervögeln,
Die, aus Deutschland hergekommen,
Noch kein Tröpflein Thau genossen.

256.

Käse wollt ihr? wo den Käse
Nehm' ich her, Johannislinder?
Wo denn nehm' ich her den Käse,
Da mir alle Kühe güst sind?
Ach, Johannislinder, bitte,
Bringt mir einen guten Bullen,
Einen guten Bullen bringt mir,
Wenn ihr kommt im künft'gen Jahr.

„Dank, Johannismutter, liebe,
Bringen wollen wir den Bullen,
Führen ihn an goldnem Strick her,
Wenn wir kommen übers Jahr."

257.

Fleisch begehr'n Johanniskinder?
Wo denn nehm' ich euch das Fleisch her?
Meine Ziege trug der Wolf mir
Am Johannisabend fort.

258.

Woll'n Fisch' Johanniskinder? —
Wo her nehm' ich denn die Fische?
Solche Fisch' hat unser Teich nur,
Mit vier Füßen, weißem Bauche!

259.

Dank sag' ich dem lieben Gotte
Für das Essen, für das Trinken,
Dank auch der Johannismutter,
Die uns freundlich aufgenommen.

260.

Pflanzte einen Schweineapfel
Im Johannisabend ein,
Daß in der Johannisnacht sich
Dran die alten Hexen stoßen.

261.

Wer nach weißem Wolltuch trachtet,
Treib' die Schafe auf die Nachthut;
Goldener Johannisnachtthau
Bleichet alle Schafe weiß.

262.

Arm und hungrig kommt Johannes,
Noch verhungerter St. Peter;
Doch St. Jakob ist der Reiche,
Kommt mit Roggen und mit Gerste.

VI.

Scherz und Spott.

263.

Bier brau't Iltis in der Höhle,
Aus der Erde steigt der Rauch auf;
Dran betranken sich drei Herren,
Tanzten, daß die Erd' erdröhnte!

264.

Reicher Mutter Tochter bin ich,
Freit nach mir, ihr jungen Bursche!
Ein Stof*) Strümpfe, ein Stof Handschuh
Und ein großes Wolltuch hab' ich!

265.

Ging vorbei am Drechslerhause,
Aber drechseln sah ich nicht;
Sieh, da lief heraus mein Hündchen,
Mit den Füßchen, schön gedrechselt!

---

*) Maß für Flüssigkeiten und Getreide, Hohlmaß.

266.

Nehmet, Bursche, nie ein Weib euch,
Eh' ihr nach den Brüsten sehet;
Meine Ziege hat ein Horn nur,
Eine Brust nur hat mein Liebchen!

267.

Alten Vaters graues Barthaar
Hängt vom Eichenstamm hernieder;
Lest es auf, ihr jungen Bursche,
Tragt nach Weisheit ihr Verlangen! --

268.

Jenen armen Burschen traf
Dreifach Unglück diesen Sommer:
Kauft' ein Pferd, — der Wolf zerriß es!
Freit' ein Weib, — sie lief davon ihm!
Handelt' in der Bud' ein Wams ein,
Auf der Hütung nachts verbrannt' es!

269.

Das Mädchen:

Sohnesmutter kam entgegen
Mir im Pelz von Mausefellchen!
Als ich sie begrüßen wollte,
Konnt' ich es vor Lachen nicht!

270.

Der Bursche:

Tochtermutter kam entgegen
Mir in einem stolzen Luchspelz,
Als ich mit ihr sprechen wollte,
Hatt' ich keine Mardermütze!
Muß in Riga Pfauenfeder,
Mardermütz' in Danzig kaufen!

271.

Hab', im Walde aufgewachsen,
Blätterbrautschatz mir gesammelt;
Bittet, Freier, nun das Windroß,
Daß es meinen Brautschatz heimführ'!

272.

Ach, Du lieber See von Durben,
Gönne mir ein einzig Hechtlein!
Davon kocht sich mein Gesinde
Für drei Tage Vesperkost.

273.

Ach Du kleines graues Steinchen,
Wer wird Dich in Silber fassen!
Wer wird, Schwesterchen, Dich loben,
Da die Brüder Dich verachten?

274.

Nachtigall im Tannenwäldchen,
Web' von Schuijen*) mir ein Laken;
Das will ich aufs Bette decken
Für den Fremden in der Brautnacht!

275.

Wol von weitem schon erkannt ich
Des Buschwächters**) feines Liebchen!
Hoch geschürzt das enge Röckchen,
Auf dem Rücken einen Heusack!

276.

Des Buschwächters feines Liebchen,
Seht, wie stolz sie fährt zur Kirche!
Eine Sohle hat der Schlitten,
Nur drei Füße hat das Rößlein!

277.

Zwiebeltochter fährt zur Trauung
Mit des Knoblauch ältstem Söhnlein;
Großer Schnittlauch, kleiner Schnittlauch
Reiten all' im Hochzeitszug!

---
*) Tannenzweige, Tannenhäcksel.
**) Waldhüter.

278.

Sagt, was fehlt den Mäusen noch,
Daß den Schwanz sie hängen lassen?
Kater fuhr ja fort nach Riga
Sich ein Bräutchen auszusuchen!

279.

Heimchen hat ein Weib genommen,
Floh ritt mit im Hochzeitszug;
Heimchen mit dem seidnen Röckchen,
Und der Floh im schwarzen Wolltuch.

280.

Was für Wunder sah ich nicht,
Als im fremden Land ich war:
Huhn mit Brüsten, Schwein mit Hörnern,
Schafbock stand gesattelt da!

281.

Was für Wunder sah ich nicht,
Als im fremden Land ich war:
Widderkopf im Topfe locht,
Drunter Eis statt Feuer brannte;
Dabei saß ein altes Männchen,
Eisenknüttel in der Hand!

282.

Reiche Leute, reiches Land auch,
Reichlich ward ich da bewirthet:
Eine Riezchensuppe*) löffelt
Man mit schweren Silberlöffeln!

283.

Wolle spinnst Du, Schwesterchen,
Sag', kommt Dir der Schlummer nicht?
Mir liegt schwer er auf den Augen, —
Wenn ich nur ein Schäflein seh'.

284.

Eingeschlafen ist mein Liebchen,
Als sie's Abendessen kochte!
Flocht' von Weiden eine Schutzwehr,
Daß sie nicht in's Feuer fällt!

285.

Tanne schlummert, Fichte schlummert,
Eingeschlafen ist mein Liebchen;
Tann' und Fichte rüttelt Wind auf,
Doch — wer kann mein Liebchen wecken?

---

*) Suppe von Pilzen.

286.

Du Jgaunier*), Teufelskind,
Wer wies' Dich in unser Land?
Grütze kocht Dir Deine Mutter,
Mit der Hündin Fuß sie rührend,
Mit des Huhnes Fett sie schmierend,
Schweinemilch dazu noch gießend.

287.

Schaum hat mehr das Bier im Kruge,
Als der Muttersohn Verstand hat,
Welcher hinterm Krüglein sitzet
Und des Bieres Trinker ist.

288.

Der Eckauer stolze Töchter
Wandeln mit gesenkten Augen,
Sehn sie junge Bursche, spitzen
Sie die Ohren gleich der Pflugschar.

289.

Nimmer fürchte wohl den Wolf ich
Also wie den greisen Freier;
Geht er, klappern ihm die Knochen;
Spricht er, rasselt ihm der Bart.

---

*) Jggauns = Esthe.

290

Michel, lieber Vaterbruder,
Warum gingst Du Rettig stehlen?
Wir sind eine stolze Sippe,
Wollen nicht die Schande tragen.

291.

Sah den Fremden auf dem Acker
Eggen mit dem Ziegenbock;
Rief ihm zu: Gott helf! da floh er
Mit dem Böcklein ins Gesträpp.

292.

Mit den Hinterfüßchen schlug
Häschen aus nach meinem Vater!
Sehr beweint hätt' ich dies Unglück, —
Doch ich konnte nicht — vor Lachen!

293.

Setzt sich da der fremde Freier
Auf die allerschlechtste Bank hin!
Schiebt sich hierher, schiebt sich dorthin,
Hat den Hintern voller Splitter!

294.

Unsrer Katze starb ein Junges
Grad am heil'gen Weihnachtsabend,
Alle Berg' umflorte Nebel
Von den Thränen unsrer Katze.

295.

Ich erkannt' ihn schon von ferne,
Der so manchen Korb sich holte:
Schleichend schleppt' er seine Füße,
Zieht die Mütze auf die Augen!

296.

Sag' was prahlst Du doch, mein Bürschlein!
Wer, zum Teufel, kennt Dich nicht?
Hast nicht Gerste mehr, noch Roggen,
Als in einen Handschuhbaum geht!

297.

Leider ging auch ich zu schauen,
Wie die Sohnesmutter anfuhr;
Blauschwarz war sie, wie die Krähe,
Ihre lahme Stute spornend.

298.

Sah die Sohnesmutter neulich
Waschen einen Kohlensack,
War ja nicht ein Kohlensack,
War des Söhnleins Sonntagshembe.

299.

Komm heraus, mein Brüderchen,
Großes Wunder schaust Du draußen!
An der Wurzel brennt die Eiche,
Auf dem Wipfel kräht der Hahn.

300.

Ach Du dicker Feldaufseher,
Morgen sengt man Dir das Fell ab,
Morgen sengt man Dir das Fell ab,
Hängt am Fuß Dich in die Hölle!

301.

O Du ungeleckter Bursche,
Drängst Dich in der Mädchen Reihen?
Reiten sollst ein hölzern Roß Du,
Eine Hündin auf der Kruppe!

302.

Hirten, treibt heim nun!
Schon dampft das Essen!
Drei Hundefüße,
Ein Welpenköpfchen!

303.

Solch ein Vielfraß war noch niemals,
Als die Schwester meiner Braut war:
Aß die ganze trächt'ge Sau auf
Mit neun ungeworfnen Ferkeln!

304.

Näh' ein Hemd mir, Mütterchen,
Wol aus lauter Feuerfunken,
Daß der Schlingel, der mich anrührt
Gut die Tatzen sich verbrenne!

305.

Stark sind unsres Hauses Bursche!
Fünf erschlugen eine Laus!
Als vom Kampf sie sich erholten,
War sie doch am Leben blieben!

306.

Zog des Vaters großen Pelz an, —
War nach meinem Maß gemacht nicht;
Setzt' mich in des Vaters Sessel, —
Doch mir kam nicht seine Klugheit!

307.

Nun sei klug, Du bräutlich Mädchen,
Geb' Dir eine kluge Arbeit:
Nimm den feinsten Seidenfaden,
Näh' ein Hemd aus Lindenblättern.

308.

Wolf ist mir ein lieber Bruder,
That mir keinen Schaden an;
Nur, als mir die Händ' erfroren,
Spannt er mir das Rößlein ab!

309.

Geld in Acker säen wollt' ich,
Wagt' es nicht des Herren wegen;
Wußt' auch selber noch so recht nicht:
Keimt die Geldsaat oder nicht?

310.

Als ich mit dem Herren sprach,
That ich Eis in meine Tasche,
Daß des Herren böser Sinn
Schmölze mit dem Eisesklumpen.

311.

Teufel ließ den Deutschen tanzen
Auf glührother Ziegeldiele,
Sprang der Deutsche noch so hoch auch,
Teufel heizte stets aufs Neue!

312.

O Du Deutscher, Teufelskind,
Wärst Du doch nicht groß gewachsen!
Machst nun Jagd auf meine Brüder,
Wie der Kater auf die Mäuse!

313.

Fremdes Mädchen rühmte sich,
Nicht die Nase mir zu zeigen, —
Kaum war ich erst bei der Pforte,
Zählt' ich schon all' ihre Zähne!

314.

Weine nicht, Du altes Mädchen,
Noch zu freien hast Du Aussicht:
Eben ist dem grauen Knechtlein
Ja sein altes Weib gestorben!

315.

Bürschchen, geh' doch, Kälberschnäuze,
Was willst Du von Mädchen wissen?
Fingst Dir eine weiße Ziege,
Hieltest sie für'n junges Mädchen!

316.

Brachte einen Aal lebendig
Zum Geschenk dem bösen Herren,
Und das Herrchen fand ihn gut,
Fragte, wo ich ihn gefangen:
Ei, in jenem Sumpfe, sagt' ich,
Und der dumme Deutsche glaubt' es,
Ging zum Moore, — ei, wie haben
Da die Schlangen ihn gebissen!

317.

Mädchen, Du mit stumpfem Näschen,
Hast Du mir mein Lied gestohlen?
Wart! die andern Mädchen werden
So Dir Deinen Liebsten stehlen!

318.

Junge Mädchen, junge Weiber,
Geht und bittet nur die Laima!
Um die Alten hat es Noth nicht:
Geht zur grünen Rasenmutter!

VII.

Grossthun ist mein Reichthum!

Das Mädchen:

319.

Aus der Badstub' Fenster warf
Mutter hinaus mich!
Windchen, das wiegte mich;
Täubchen, das pflegte mich;
Aufwachsend wurde ich
Bojarenliebchen!

320.

Fein erzog mich meine Mutter,
Mich mit goldnen Schnüren schnürend,
Daß ich lang und schlank erwüchse
Des Bojarensohnes Braut!

321.

Wachset, meine blonden Haare,
Kräuselt schön euch, meine Locken!
Burschen reiten her von Mitau,
Meine Haare zu bewundern!

322.

Wie mich Gott erschaffen, hat auch
Meine Mutter mich erzogen!
Um der Leute willen werd' ich
Nicht verdrechseln meinen Wuchs!

323.

In die Fremde geh' ich nimmer
Ohne die drei jungen Brüder:
Vaterbruder, Mutterbruder
Und den eignen jungen Bruder!
Vaterbruder ist ein Goldschmied,
Mutterbruder schmiedet Silber,
Und mein eigner junger Bruder
Schmiedet Diamanten mir!

324.

Einen Tischler, einen Drechsler
Nehm' ich in das Hochzeitshaus mit;
Niedrig sind die Kletenthüren,
Breit geästet ist mein Brautkranz;
Beim Hineingehn brechen Zweig' ab
Und sie brechen beim Hinausgehn!

325.

Es erbebt' die Eisenbrücke,
Als allein ich ging hinüber,
Denn in meinem Kranze glänzten
Schwer drei Diamantenkörner!

826.

Als die Bursche mich erblickten,
Wandten sie nicht ab die Augen!
Wär' ein Weißbrod ich gewesen,
Hätten sie mich aufgegessen!

827.

Wer hat Feuer angezündet
Dort im dichten Weidenbusch?
Nur der Fremden Augen brannten,
Als sie meine Schönheit sahen!

828.

Freier sandte mir ein Rößlein,
Wie ein Sperling war's, so klein!
Sattle, Bruder, Vaters Braunen,
Laß den Spatz im Wäldchen los!

829.

Schlank erwuchs ich wie das Schilfrohr,
Schön wie eine Mohnenblüthe!
Manchem guten Muttersohne,
Der mich sah, entströmten Thränen!

830.

Soll ich singen, soll ich weinen,
Daß der Freier mich verlassen?
Lieber sing ich, als ich weine, —
Leicht bekomm' ich einen andern!

331.
Wächst aus dem Dach der
Kleet' eine Linde,
Reiten die Fremden
Blüthen zu pflücken!
Pflücket nur, pflücket!
Aber umsonst nicht;
Jede der Blüthen
Kostet 'nen Thaler!

332.
Stolz verschreien mich die Leute,
Weil ich so geputzt einhergeh';
Wächst mein Flachs, so web' ich Linnen
Und will mich noch schöner putzen!

333.
Ach liebes Schwesterchen,
Wie bist Du reich!
Ein Deckenzipfelchen
Kostet 'nen Thaler!

334.
Bitter schalt auf mich die Mutter,
Daß alltäglich Gäste kommen
Warum schiltst Du mich, o Mutter,
Hab' die Gäste ich geladen?
Deine Schätze, meine Schönheit,
Luden ein die vielen Gäste!

Der Bursche:
335.

Silberzügel flocht ich mir
Und beschlug mein Roß mit Golde;
Fahren kann mein Liebchen nun
Wie die liebe Sonne glänzend!

336.

Gold und Silber machten mir
Einen Aufruhr in der Tasche;
Seidnen Beutel will der Thaler,
Weiß Papierchen der Dukaten!

337.

Unser Schwesterchen ist klein nur
Wie am See die wilde Ente,
Aber solches Linnen webt sie
Wie von Eis des Seees Decke!

338.

Mädchen haben sich an meine
Mütz' wie Bienen festgesogen;
Ist denn diese meine Mütze
Eingetaucht in süßen Honig?

339.

Meinen Gaul geleiten Mädchen
Singend eine ganze Meile!
„Geht mit Gott, ihr lieben Mädchen,
Laßt den Weg frei meinem Rößlein!"

840.

Schlag mich, wenn ich klein bin, Mutter,
Mit der schlanken Weidengerte,
Daß ich schlank und biegsam aufwachs'
Wie die schlanke Weidengerte.

841.

Vor den groß und kleinen Herren
Zieht der Bruder seine Mütze:
Meine Krone nehm' ich ab nicht,
Wenn auch Generäle kämen.

842.

Frag' doch meinen fremden Freier:
Wie viel kostet ihm mein Kränzlein?
Gab für eine einz'ge Perle
Wol zwei gülbene Ducaten!

843.

Ohne Honig aß ich nie was,
Trug nie, was nicht pelzverbrämt war:
War des Bienenvaters Tochter
Und des Jägers Auserwählte.

844.

Gelber Sammt sind meine Locken,
Grünes Seidenband durchflicht sie;
Eine kluge Mutter hat
Den gewieget, der mich heimführt!

845.

Bin ein Mädchen, wie ein Blümchen,
Wie des Mohnes holde Blüthe,
Nach mir haben alle Bursche
Sich die Füße abgelaufen.

846.

Schuster, näh' mir feine Schuhe,
Sticke sie mit feiner Seide,
Denn ich will die Sohnesmutter
Mit dem Füßchen einst begrüßen.

847.

Wie die Hunde nach den Mädchen
Laufen Bursche viele Meilen;
Ich, ein Mädchen, wie ein Blümchen,
Steh darum vom Stuhl nicht auf!

848.

Schickte mir der fremde Freier
Mit drei Perlen wol ein Ringlein;
Hab' schon einen Ring am Finger,
Der neun schöne Perlen zählt.

849.

So heiß brannt' die Sonne, da ich
Jätete im Rosengarten,
Daß von meinem goldnen Kranze
Schmolzen zwei der Silberringe.

350.

Meines Herren beide Töchter
Wollten mich ertränken gern,
Weil ich ebenso mich schmückte
Wie die stolzen Herrentöchter.

351.

Welcher Herr hat solche Männer,
Stark, wie meine stolzen Brüder?
Stoßen mit der Brust den Berg weg,
Brauchen Eichenstämm' als Stecken!

352.

Meiner Schwester Kränzlein glänzt
Durch neun helle Fensterrauten;
Reiten Freier an, so heißt es:
Wie die Sonne glänzt im Stübchen!

353.

O Du meine helle Kehle,
Wie aus reinem Zinn gegossen!
Ritt' ich auf die Pferdehütung,
Braucht' ich wol kein Horn zum Blasen;
Wenn die andern Hörner bliesen,
Juchzte lauter meine Kehle!

354.

Klein nur ist mein liebes Mädchen,
Wie am See das wilde Entlein;
Aber solches Linnen webt sie,
Wie des Seees Eisesdecke!

355.

Mit dem Starost*) wettet' ich,
Wer das Mädchen kriegen werde;
Kleines Geld nur hatt' der Starost,
Runde Thaler zählte ich auf, —
Während er sein Geld noch zählte,
Hob ich's Mägdlein auf mein Roß schon.

356.

Kleine, kleine Nachtigall
Läßt den ganzen Wald erklingen,
Also schilt die stolzen Freier
Meine kleine, kleine Schwester.

---

*) Starost = Aufseher bei der Arbeit.

VIII.

Böse Zeit und böse Menschen.

357.

Ach um meine alten Tage,
Unversehens kamen sie!
Hätte ich sie kommen sehen,
Hätt' ich ihnen fortgewinkt!

358.

Zwei der Schwestern waren wir,
In der Leute bösem Leumund,
Wo wir zwei zusammen sprachen,
Flossen unsre heißen Thränen!

359.

Blaset nicht, ihr rauhen Winde,
Leicht bin ich gekleidet nur!
Sprecht zu mir nicht, liebe Brüder,
Denn mich drücket schwerer Kummer!

360.

Weiß, schneeweiß sind meine Lippen,
Nicht das Wasser wusch so weiß sie;
Thränen haben sie gebleichet,
Die der Unhold mir' erpreßte!

361.

Bitter weint' mein Mütterchen,
Als es mir zum Hembde Maaß nahm.
Weine nicht, Du liebe Mutter,
Ist es doch mein letztes Hembde!

362.

Was macht starr die Meereswogen,
Als des Nordens harte Kälte!
Was macht Mütterchen so alt schon?
Herzenskummer, böse Sorgen!

363.

Keiner sah mich, als ich stille
Einsam in der Kammer weinte!
Nur mein Aermel hats gesehen
Drin ich meine Thränen wischte!

364.

Rettig bin ich, keine Rübe,
Warum also schält ihr mich?
Bin ein Weib und nicht mehr Mädchen,
Was denn achtet ihr mich nicht?

365.

Kiesel warf ich in das Bächlein,
Bächlein trug die Kiesel nicht!
Wie sollt' ich, da ich so jung noch,
Böser Leute Zungen tragen?

366.

Weint' am Tage, weinte Nachts auch,
Wen erweckte denn mein Weinen?
Weckt' nicht Vater und nicht Mutter,
Noch mein eigen Brüderchen!

367.

Schmäht mich nun, ihr guten Leute,
Könnt mich schmähen ungescheut nun!
Vater, Mutter deckt die Erde,
Tief im Meere sind die Brüder!

368.

Lieber Gott, daß Du mich liebtest!
Keinen hab' ich, der mich liebte!
Alle, die mich einstmals liebten,
Deckt der grüne Rasen zu!
Vater, Mutter nahm die Erde
Und das Meer verschlang die Brüder!

369.

Eilig rauf' ich aus das Unkraut
Um die Rosen, eh' der Thau fällt, —
Könnt' ich also doch mein Leben
Vor dem Thränenthau behüten!

870.

Bleich und blaß war heut die Sonne,
Als sie unterging am Abend;
So verblasset ist mein Leben,
Das ich mit dem Schurken lebe.

871.

Eine gold'ne Eiche hat
Einst mein Pathe mir versprochen, —
Leid wol that ihm das Versprechen!
Gab mir nicht ein golden Zweiglein!

872.

Warum klag' ich, warum wein' ich,
Bin ich denn die Einz'ge elend?
Wollten all' wir uns versammeln,
Trüg' uns nimmer wol die Erde!

873.

Woher stammt der dichte Nebel,
Als vom Bache, der im Thal fließt?
Woher stammt der Leut' Gerede,
Als von meinen Unglückstagen!

874.

Warum sitzet doch so schief nur
Auf dem Haupte mir das Kränzlein?
Ach wie sollt' es denn nicht schief stehn,
Da die Leut' so Böses reden!

375.

Wie der Schwan schwimmt auf der Düna,
So ich im Gered' der Leute;
Wie er rein taucht aus den Wellen
So ich aus der Leute Reden!

376.

Schüttle mir, o liebe Mutter,
Aus mein großes Wollendecktuch,
Schüttle aus den Herzenskummer
Und den bösen Klatsch der Leute!

377.

Schwester klagt dem Bruder bitter,
Daß die Leute sie verachten;
Bruder gibt der Schwester Antwort:
Welchen Baum bewegt der Wind nicht?
Welchen Baum bewegt der Wind nicht,
Wen verschonen böse Zungen?

378.

O ihr Brüder, liebe Brüder,
Warum gabt ihr mich dem Fremden?
Bin kein gutes Weib geworden,
Bin kein Mädchen mehr im Brautkranz!

379.

Schwesterchen, wie hart Dein Herz ist!
Ist von Holz es, oder Stein gar?
Sang Dir vor so traur'ge Lieder, —
Keine Thrän' entquillt dem Auge!

380.

Hofft', ich würb' mein ganzes Leben
Ohne Sorg' und Leid verbringen; —
Sieh', da hob das harte Schicksal
Mich aufs graue Roß der Sorge!

381.

Wünscht', ich wäre nie geboren
Oder niemals aufgewachsen,
Um des Lachens, um der Schande,
Um der bösen Zungen willen.

382.

Backfischchen weinte,
Jüngelchen weinte.
Wol beider Augen
Sind voller Thränen!
Backfischchens Brautschatz
War noch nicht fertig,
Jüngelchens Gerste
War noch gesä't nicht.

383.

Schwesterlein, ach Schwesterlein!
Wie so traurig klingt Dein Reden!
Hör ich Dich, so muß mit Weinen
Deine Worte ich begleiten.

384.

Wache endlich auf mein Glücksstern,
Tauche auf aus Sümpfen, Seeen;
Ach Du schliefst schon gar zu lange —
Und ich braucht' die Zeit zum Weinen!

385.

Ach, ich wäre längst erfroren,
Hätt' ich's Zittern nicht gelernt;
Danke, liebe Schicksalsmutter,
Daß Du's mich so gut gelehrt!

386.

Schwimme, schwimme, Morgenthau,
Auf des Grases grünen Spitzen;
So auch schwankt mein guter Name
Auf der Leute bösen Zungen!

387.

Aus den Thoren lief ein Pferdchen
Ungeschirrt und ungezügelt,
So floh guter Ruf die Töchter,
Die nicht auf die Mutter hörten.

868.

Auf dem Bächlein schwimmt ein Blättchen,
Sinket nieder auf den Grund;
Also wird auch untersinken,
Der mir schlechten Ruf gebracht.

IX.

Der Tod und das Mädchen.

889.

Ach mein Gott, ach Du mein Gottchen*),
Wenn ich jung doch sterben könnte!
Schlief dann unterm grünen Hügel
Wie ein Blümchen in dem Garten!

890.

Wenn ich sterbe, liebe Mutter,
Wo legt meinen Kranz ihr hin?
Traget nicht ihn fort zur Kirche, —
Meinen Freiern wär's zum Leide!
Hängt ihn an des Kreuzes Spitze,
Daß die Sonne dort ihn bleiche,
Daß die Sonne dort ihn bleiche,
Daß der Wind ihn dort zerzause!

---

*) Die Letten haben diese Verkleinerungsform als Ausdruck der Liebe.

391.

Nicht für mich, Du liebe Mutter,
Webe Deine feinen Laken!
Mir hat Gott bestimmt zu sterben
Noch als Mädchen in dem Kranze;
Und mit weichem grünem Rasen
Werden mich die Brüder decken!

392.

Nicht ertrug ich's, als ich lebte,
Daß mir Sand die Füße stäubte;
Wie soll ich's ertragen nun,
Daß man ganz mit Sand mich zudeckt?

393.

Ach, mein letztes Haus auf Erden,
Nicht hat's Thüren, nicht hat's Fenster!
Keine Thüre hat's zum Oeffnen,
Und kein Fenster zum Hinaussehn!

394.

Keine Leiter stellt, die Seele
In den Himmel zu erheben;
Gott hält selber eine Leiter,
Wartet auf die liebe Seele.

395.

Singend führet mich zum Grabe,
Führet nimmer mich mit Weinen,
Damit singend meine Seele
Einziehn kann beim lieben Gott.

396.

Spannet braune, schwarze Pferde,
Führt ihr mich zum sand'gen Hügel; —
Tanzend kehren heim die Braunen,
Aber ich kehr' nimmer wieder!

397.

Sagt, was Gut's ich mir verdiene
Unter dieser Sonne lebend?
Nur ein weißes Linnenlaken
Und sechs Brettchen mir zum Häuschen!

398.

Nur ein kleines Fleckchen Erde
Ist mit mir in hartem Streite;
Bot ihm Geld an, nahm es nimmer, —
Es verlangt nach meinem Leibe!

399.

Jung will, oder alt ich sterben,
Aber nicht in Lebens Mitte!
Wer in Lebens Mitte stirbt,
Um den weinen, ach, so viele!

400.

Mir zu Ehren einen Ochsen
Brieten sie und brauten Bier auch;
Aßen selber, tranken selber, —
Führten mich zum sand'gen Hügel!

401.

Eine schöne Rose blühet
An der Stätte meines Grabes;
Ist verwelket diese Rose,
Dann muß ich an jenen Ort.

402.

Vormittags führt mich zum Grabe,
Führt mich nicht am Nachmittage,
Denn Nachmittags schließen Gottes
Kinder zu die Himmelspforten.

403.

Bitter weint die arme Seele
Vor des lieben Gottes Thür.
Hat sie Gott nicht aufgenommen?
Ließen Engel sie nicht ein?
Nimm sie, Gottchen, laßt doch Engel
Meine arme Seele ein!

404.

Bitter weint um mich die Mutter
Unterm grünen Rasenhügel;
An demselben steh' ich einsam,
Und in Thränen geb' ich Antwort!

405.

Ach mein weißes Mütterchen
Ist in tiefen Schlaf gesunken;
Hört nicht mehr des Windes Brausen,
Hört nicht mehr mein lautes Weinen!

406.

Handschuh' strick' ich, schöne, bunte,
Weiß es Gott! wo ich sie austheil'!
Ob, wenn ich zur Fremde ziehe,
Ob, wenn unterm Sand ich ruhe?
Wenn ich in die Fremde ziehe,
Theile ich sie selber aus;
Wenn ich unterm Sande ruhe,
Theilt sie aus mein Mütterchen,
Theilt sie aus mein Mütterchen,
Sich die heißen Thränen trocknend!

407.

Wenn ich sterbe, Mütterchen,
Sag', wo thust Du hin mein Kränzlein?
Häng es an die Linde, Mutter,

Laß es bleichen in der Sonne;
Fallen Blüthen von der Linde,
Fallen Perlen von dem Kränzlein.
           (vide 162 im ersten Strauß.)

408.

Helle Sonne schwand, so däucht' mir
Als die Mutter war gestorben,
Und mir däucht', der Regen strömte,
Als die lieben Kinder weinten.

409.

Wenn ich nur den Hügel kennte,
Da man einstens mich bestattet,
Würd' ich wohl mit Eichenbrettern
Fest und sicher ihn beschlagen.

410.

Viel nicht ist es, was ich brauche
An dem Ende meiner Tage;
Etwas Holz von Fichten, Tannen
Und zum Dache grünen Rasen.

411.

Sagt, was thun wir Kinder nun,
Die zu Waisen sind geworden?
Wer erweckt uns Morgens frühe?

Wer wird guten Rath uns geben?
Laßt von selber früh uns aufstehn,
So wird Gott uns Rath ertheilen.

412.

Sonne sagt zur Rüste gehend:
Nun, ihr Leut', ist's heil'ger Abend.
Sterbend sagt die liebe Mutter:
Waislein sind nun meine Kinder,
Treten Koth für fremde Leute
Mit den kleinen nackten Füßchen!

413.

Schlecht erwähltest Du, mein weißes
Mütterchen, die letzte Ruhstatt;
Weg darüber treiben Hirten,
Reiten Bursche auf die Nachthut.

414.

Weinend stand ich an dem Hügel,
Der die liebe Mutter decket:
Steh doch auf, Du liebe Mutter,
Gern will ich den Rasen lüften,
Klagend will ich Dir berichten,
Was mir thut die fremde Mutter:
Zerrt am Haar mich, schlägt die Wangen,
Stößt mich mit dem Fuße von sich.

415.

Nicht betrauert' ich die Tanne,
Wie der Tanne grüne Zweige;
Nicht beweint' ich so die Schwester,
Wie der Schwester kleine Kinder.

416.

Halberblühtem Apfelbäumchen
Brach der Wind den schlanken Wipfel;
Halberblüht erst war das Glück mir,
Als der Tod mein Liebchen knickte.

417.

Fällt die Tanne, fällt die Fichte,
Auf der Erde bleibt sie liegen;
Fällt der Tod mein junges Leben,
Oeffnet mir ein Bett die Erde.

418.

Nicht für mich, Du liebe Mutter,
Webe feines weißes Linnen;
Mir hat Gott vorherbestimmt —
Unterm Kränzlein noch zu sterben,
Und dann werden meine Brüder
Mich mit grünem Rasen decken.

419.

Unter dieser Sonne lebend,
Jeden Abend such' Dein Bett auf;
Geht Dir auf des Himmels Sonne,
Bettest Du Dir einmal nur!

420.

Schwer seufzt meine junge Frau,
Stützt das Haupt auf beide Hände, —
Sah im Geist sie ein Gesicht,
Kündend meinen frühen Tod?

421.

Grabt mein Grab mir, wo ihr wollt,
Nur nicht unter einer Birke:
Bleich sind ja die Birkenblätter,
Wie die todesbleiche Seele!

422.

Regen rinnt im Sonnenschein,
Wenn sich todte Geister frei'n:
Bruder mir und Schwesterlein
Werden dort zur Hochzeit sein.

423.

Sonnentochter, Sonnentochter,
Gib den Schlüssel mir heraus!
Muß ja meinem einz'gen Bruder
Nun das dunkle Grab erschließen!

424.

Wohin fliegst Du, schwarzer Rabe,
In so später Abendstunde?
Bring' der Mutter Trauernachricht:
Söhnlein schläft im Meeresgrunde!

X.

Im grünen Walde.

425.

Warum glüh'n an jedem Abend
Roth des Waldes grüne Spitzen?
Sonne hängt ihr Seidenröckchen
Jeden Abend aus zum Lüften.

426.

Hinterm Bächlein auf dem Berge
Wachsen rothe Beeren viel;
Dort hat Sonne viel geweint
Und die Thränen abgetrocknet.

427.

Nebelmutter baut den Damm bis
Zu der Eiche Aesten auf;
Schwing Dich hin und her, o Eiche,
Daß sie nicht zum Wipfel steigt.

428.

Eiche prahlt und will der Sonne
Nimmer ihre Wurzel zeigen!
Brach der Wind sie aus der Erde,
Sonne bleichte ihre Wurzel.

429.

Auf dem Berge wuchs die Eiche
Wie ein stolzer Gutsbesitzer;
Eh'rne Wurzel, goldne Zweige,
Und von Silber sind die Blätter!

430.

Dieser mag und jener reich sein,
Ficht' und Tanne sind die reichsten;
Ob im Winter, ob im Sommer,
Tragen sie die grünen Röcke!

431.

Gestern schneit's in dichten Flocken,
Große Hochzeit gabs im Walde,
Denn des Luchses stolzes Söhnlein
Führte heim des Marbers Tochter!
Hirsch' und Bären waren Marschäll',*)
Füchs' und Rehe Brautjungfern!

432.

Klumpfuß, sag', warum mein Bärchen,
Fraßest Du mir meinen Hafer?
Komm', laß das Gericht entscheiden,
Wem der Hafer zugehörte!
Mir gehört' der goldne Hafer,
Dir der Buckel voller Prügel!

---

*) Brautführer.

433.

Blüht' ein silbern Apfelbäumchen
An dem Bachesrand bescheiden;
Warum blühst Du, silberglänzend,
Lieber nicht auf hohem Berge?

434.

Ach Du lieber See von Canbau,
Wie so schön ziert Dich Dein Kränzlein!
Rund herum das grüne Schilfrohr,
Wellen wogen in der Mitte.

435.

Abends geht die Sonne unter,
Schmückt des Waldes grüne Wipfel:
Gibt der Linde goldne Krone,
Einen Silberkranz der Eiche,
Und den kleinen Weiden schenkt sie
Jeder einen goldnen Ring.

436.

Nicht umsonst hab' ich gefället
Meines Vaters starke Eiche:
Eine Trommel gab der Stumpf mir,
Aus den Zweigen schnitt ich Flöten,
Aus dem Mittelstamme zimmert'
Ich ein schönes Haus den Bienchen,
Aus dem Gipfel für die Schwestern
Macht' ich schöne Brautschatzkasten.

437.

Eiche Du, mit niedern Zweigen,
Warum wuchsest Du im Thale?
Ueber Dich die Bienchen fliegen,
Und vorbei die Züchter ziehen;
Mädchen, auf dem Hügel stehend,
Reißen ab die grünen Aeste;
Deine Wurzel wühlen Schweine
Auf, nach süßen Eicheln grabend.

438.

Zittre, bebe, Espenblättlein;
Sage, was Dich zittern macht!
Lieb Maria macht mich zittern,
Lehnt sie doch an meinen Stamm sich.

439.

Ei, wie prahlte doch die Düna:
Ich bin reicher Mutter Tochter!
Warst Du wirklich reich, warum doch
Hast Du Dich ins Meer ergossen?

440.

Stehen neun Linden
Dort auf der Eb'ne;
Neun sind der Beile
An ihren Wurzeln;
Neune der Brüderchen

Fällen sie nieder;
Neune der Schwesterchen
Laden das Holz auf;
Neun sind der Rosse,
Führen's nach Hause.

441.

Um den Berg die Sonne eilte,
Sucht die Brüder auf der Nachthut;
Aber klüger sind die Hüter,
Schlafen nicht am Bergesabhang.

442.

Sage, Bächlein, kieselreiches,
Warum fließest Du nicht schneller?
Kannst Du's nicht der Kiesel wegen,
Oder Deiner Tiefe wegen?
Kiesel könnte leicht ich tragen, —
Meine eigne Tiefe hemmt mich.

443.

Sonne schalt den blassen Mond aus:
Warum er nicht heller glänze?
Schnell die Antwort gab der Mond ihr:
Dir gehört der Tag, die Nacht mir!
Leuchte Du des Tags den Menschen,
Ich beschau' mich Nachts im Wasser.

444.

Fand ein goldnes Birkenwäldchen,
Brach auch nicht ein einzig Zweiglein;
Als der Wind ein Blättlein fortriß,
O wie weinte da die Sonne!

445.

Warum, Väterchen, wol hegst Du
Nah am Haus das Birkenwäldchen?
Daß die Bienen drinnen schwärmen,
Daß der Habicht drauf sich schaukle,
Daß die Mädchen sich verbergen,
Wenn heran die Freier reiten.

446.

Kommt, ihr Mädchen, Wasser schöpfen!
Schöpfen wir nicht aus dem Bächlein?
Auf dem Grunde haust der Biber
Mit den goldverbrämten Füßchen.

447.

Feldhuhn, laß uns beide laufen
Ueber diese offne Wiese;
Du eilst in den Tannenwald,
Ich zu meinen lieben Brüdern;
Du findst Tannennadelkost,
Ich trink' Bier bei meinen Brüdern.

448.

Marder hat den Wald vergeben,
Und Eichhörnchen hat gelauft ihn;
Als das hört' des Luchses Mutter,
Klatscht' sie fröhlich in die Hände.

449.

Eine Brücke baut Bachstelzchen
Bis zu meinem Viehstall hin;
Arbeit' eilig, kleiner Vogel,
Daß ich trocken komm' hinüber.

450.

Bachstelz' will den Sumpf durchwaten
Mit den kleinen goldnen Füßchen;
Eil' Dich, Bruder, bau' den Steg ihr,
Denn sie will Dein Bräutchen werden.

XI.

Mythe und Aberglaube.

451.

Mond zählt alle goldnen Sterne,
Die am Himmel nah und fern;
Alle waren hell erschienen,
Fehlte nur der Morgenstern.
Morgenstern ist fortgeritten,
Auf zur Sonne geht sein Flug,
Sonnentochter will er freien,
Und Perkunos*) führt den Zug;
Vor dem Thor das Apfelbäumchen
Spaltet er im raschen Lauf,
Und drei Jahre weint die Sonne,
Goldne Zweige sammelnd auf!

452.

Uebers Meer hin fährt Perkunos,
Jenseits sich ein Weib zu holen;
Mit dem Brautschatz folgt die Sonn' ihm,
Alle Wälder rasch durchglühend!.

---

*) Donnergott.

453.

Schleudre Deinen Blitz, Perkunos,
In der Quelle tiefste Tiefe;
Findest dort Waldteufels Tochter,
Wie sie goldne Kannen wäscht.

454.

Schleudre Deinen Blitz, Perkunos,
In des Seees tiefste Tiefe;
Dort ertrank die Sonnentochter,
Als sie goldne Kannen wusch.

455.

Sonne mit zwei goldnen Rossen
Fährt den Kieselberg hinan,
Nimmer müde, nimmer schwitzend
Ruhen nicht sie auf dem Weg.

456.

Sonnentochter, holde Jungfrau,
Reitest wol auf kleinem Rößlein?
Jeden Morgen ist das grüne
Röckchen Dir vom Thau gefeuchtet!

457.

Früh erheb' Dich, Sonnentochter,
Scheure weiß das Lindentischlein;
Morgen kommen Gottes Söhne
Einen goldnen Apfel rollen!

458.
Tage zwei und drei der Nächte
Waren Sonn' und Gott im Haber;
Gottes Söhne hatten Ringe
Sonnentöchtern abgezogen.

459.
Wessen Pferde, wessen Wagen
Stehen vor der Sonne Thüre?
Gottes Pferd', Maria's Wagen,
Freier um die Sonnentochter!

460.
Das verdank' ich meiner Mutter,
Daß ich solch ein leichtes Herz hab';
Niemals saß sie auf dem Steine,
Als sie mit mir schwanger ging!

461.
In das Bächlein fällt ein Blättchen,
Und es sinket auf den Grund;
Mags drum sein! — So ist ertrunken,
Der mich ins Gerede brachte.

462.
Auf dem Berge stehend, kehrt' ich
Hin und her mein golden Kränzlein,
Dort, wo es am hellsten glänzte,
Werde ich mein Leben enden.

463.

Welch' ein stolzer Hof erglänzet
Hinterm Berge dort im Thale?
Führen hin drei hohe Thore,
Alle drei von Silber strahlend!
Zu dem einen fährt Gott selbst ein,
Durch das andere lieb Maria,
Durch das dritte fährt die Sonne
Mit zwei stolzen goldnen Rossen.

464.

Nachtigall ruft alle Hunde
Auf der Bergeshalde stehend, —
Doch es war die Nachtigall nicht,
War die Jungfrau der Maria,
Suchte Blüthen dreierlei,
Flocht davon der Kronen drei,
Eine gab dem lieben Gott sie,
Gottes Sohn gab sie die zweite,
Setzt' sich selber auf die dritte
Als den Lohn für's Kronenflechten,
Als den Lohn für's Kronenflechten,
Als den Lohn für's Blüthensuchen.

465.

Was weint die Sonne
So bitter traurig?

Ins Meer versunken
Ein golden Boot ist!
Wein' nicht, o Sonne!
Gott baut ein neues,
Halb baut er's golden
Und halb von Silber.

466.

Einfuhr die Sonne
Zum Apfelgarten,
Neun Wagen zogen
Wol hundert Rosse.
Schlummre, o Sonne,
Im Apfelgarten,
Die Augenlieder
Voll Apfelblüthen.

467.

Sonne die tanzt auf
Silbernem Berge,
Hat an den Füßen
Silberne Schuhe.

468.

Gott fuhr langsam, langsam nieder
Von dem Berge in das Thal,
Daß der Wind den Staub nicht bliese
Auf sein silbern Mäntelchen.

469.

Sonnentochter sank ins Meer,
Nur die Krone sah man blinken,
Auf dem Berg stand Gottes Sohn,
Schwang ein golden Kreuz in Händen.

470.

In dem Meere brennen Lichter
Zwei auf hohen goldnen Leuchtern,
Sitzen dort zwei Sonnentöchter,
Goldne Kronen in den Händen.

471.

Gottes Söhne bau'n ein Haus auf,
Goldne Sparren auf dem Dache;
Eingehn dort zwei Sonnentöchter,
Wie zwei Espenblättlein zitternd.

472.

Ungetrunken ließ ich stehn den
Becher, den die Laima füllte;
Was vergaß sie mich und hat mir
Beffres Leben nicht beschieden!

473.

Bald wol geh' ich in die Fremde,
Aber lange leb' ich nimmer!
Denn ein Zeichen ward mir, als ich
In des Bruders Stube war:
Mir zerbrach die goldne Spange,
Als ich um mein Volltuch knüpfte.

474.

Auf dem Berge stehend roll' ich
Niederwärts mein goldnes Ringlein:
Der wird einst mein Gatte werden,
Der das Ringlein aufgehoben.

475.

Gott ging durchs Feld hin,
Hierhin und dorthin,
Unkraut zertretend;
Roggen erhebend.

476.

Was hast Du den ganzen Sommer
Denn gethan, Du liebe Sonne!
Einen Kranz von Rosen flocht ich
Um den jungen Gerstenacker.

477.

Himmelschmied im Himmel schmiedet,
In die Düna fallen Kohlen;
Breitete mein Wolltuch drunter:
Nun ist's voller Silberstücke!

478.

Ach Du Kuckuk, Schicksalskünder,
Ungerecht hast Du gehandelt!
Gar zu viel gabst Du dem Einen
Und dem Andern selbst das Brot nicht!

479.

Weine nicht, o Schwesterlein,
Daß Du in den Dienst gegangen:
Gott ist selbst zum Knecht geworden
Und Maria arme Magd!

480.

Gib mir freies Wollen, Gott,
Mach mich nicht zu Andrer Sclaven;
Gib, daß Andern ich kann geben,
Nicht zu bitten brauch' von Andern.

481.

Sitz geduldig, wart' nur Mädchen,
Deine Laima ist nicht müßig!
Deine Laima reitet täglich
Dir ein gutes Heim zu suchen.
Jeden Abend schaumbedeckt
Sattelt sie ihr Pferdchen ab.

482.

Höher schwingt die Lerche sich
Als die andern Vöglein alle:
Gottes Rath ist hoch erhaben
Ueber allen Menschenrath.

488.

Ihre Tochter gab die Sonne
Fort nach Deutschland über's Meer hin;
Brautschatz führen Gottes Söhne,
Alle Bäume reich beschenkend:
Goldne Handschuh' nahm die Fichte,
Grünes Wollentuch die Tanne,
Alle Birken goldne Ringe
An die zarten weißen Finger!

XII.

In den Krieg.

484.

Als mein Bruder in den Krieg zog,
Schnitt am Thor er einen Knüttel.
„Komm' doch, Schwesterlein, besieh Dir,
Was für einen Stock ich abschnitt.
Wenn er grünt und Blätter treibet,
Dann erwarte meine Heimkehr.
Aber, wenn er wellt, verdorret,
Kehr' ich niemals in die Heimath!

485.

Als ich fortzog in den Krieg
Hieb ein Kreuz ich in die Eiche;
Weinet Vater nicht, noch Mutter,
Weinet doch die Kreuzeseiche.

486.

Männer, Brüder, gut wirds nimmer,
Krähe krächzt schon auf der Eiche!
Herren müssen in den Krieg nun
Auf von ihren weichen Kissen!

487.

Ein Paar Tauben fröhlich girren,
Trinken Wasser aus dem Bächlein;
Ein Paar Brüder traurig weinen,
Ziehen beide in den Krieg.

489.

Kriegerliebchen konnte nimmer
Ruhig schlafen diese Nacht,
Mußte über Hals und Kopf noch
Nähen eine Kriegerfahne!

489.

Wenn Du in den Krieg ziehst, Bruder,
Trage nie die Kriegesfahne,
Alle Feinde dringen ein
Auf den armen Fahnenträger!

490.

In den Krieg zieh' ich und kehr' ich
Heim, so nehm' ich mir ein Weibchen;
Das wird sein die Muttertochter,
Die da treu auf mich gewartet.
Will die Hand ihr treulich reichen,
Geben ihr den Silberring.

491.

Sachsen kommen, Sachsen kommen!
Was für Männer! was für Rüstung!
Braunten unser Schloß herunter,
Alles was darum und drin war!*)

492.

Prahlte stolz der Türkenschelm,
Wollt' in Rußland Bohnen säen!
Noch hat unser Russenkaiser
Blei genug zu starken Kugeln,
Pulver und Patronen, junge
Männer hat er zu Soldaten!

---

*) Im Selburgschen (in Kurland) das im Kriege
zwischen Karl XII. und Peter I. verheert wurde.

Längere Lieder
verschiedenen Inhalts.

1.
Der ertrunkene Bruder.

Sah am schönen Meeresstrande
Drei der Fischer müßig stehn,
Seidne Netze, Silbersegel,
Golden war das Boot zu sehn.

Ach, ihr lieben guten Fischer,
Saht ihr nicht mein Brüderlein?
„Sag' uns, liebes gutes Mädchen,
Wie sah aus der Bruder Dein?"

Schmucker Knab' mit rothen Wangen,
Goldne Locken unterm Hut!
„Ach Du liebes gutes Mädchen,
Der im Meeresgrunde ruht!

Mit den Locken spielen Wellen,
Meersand reibt die Wangen wund!"
Ach ihr lieben guten Fischer,
Fischet mir ihn aus dem Grund!

„Sag' Du liebes gutes Mädchen,
Wie viel gibst Du für den Zug?"
Einem geb' ich weißes Hembe
Und dem andern seidnes Tuch.

Doch dem Dritten als dem Jüngsten
Will ich selbst mich geben hin,
Will ihm sein, so lang ich lebe,
Seiner Segel Wäscherin.

Schäumt auch weiß die Meereswoge,
Weißer glänzt das Segel hell,
Als die Fischer fröhlich singend
Gleiten übers Wasser schnell.

2.
Die koſtbare Familie.

Ei, Mägdlein, holde,
Mit Haar' von Golde!
Wo pflücket ihr die Rosen,
Wo windet ihr den Kranz?

„In Moskau fanden,
In Moskau banden
Wir uns die Rosenkränze,
In Danzig welkten sie!"

Sagt, ob ihr kennet,
Sagt, wie ihr nennet
Wol unter hundert Trinkern
Mein eigen Väterlein?

Ein silbern Fäßchen,
Demanten Gläschen,
Das ist mein lieber Vater,
Ein großer Trinker ist's!

Ei, Mägdlein, holde ꝛc.

Sagt, ob ihr kennet,
Sagt, wie ihr nennet
Von hundert Spinnerinnen
Mein eigen Mütterlein?

Ein silbern Rädchen,
Demanten Fädchen,
Das ist meine liebe Mutter,
Die große Spinnerin!

Ei, Mägdlein, holde ꝛc.

Sagt, ob ihr kennet,
Sagt, wie ihr nennet
Wol unter hundert Pflügern
Mein eigen Brüderlein?

Silbern der Pflug war,
Demantne Pflugschaar,
Das ist mein lieber Bruder,
Ein großer Pflüger ists!

Ei, Mägdlein, holde ꝛc.

Sagt, ob ihr kennet,
Sagt, wie ihr nennet
Von hundert Weberinnen
Mein eigen Schwesterlein?

Silberner Webstuhl,
Demantne Webspul,
Das ist meine liebe Schwester,
Die große Weberin!

3.

Der losgekaufte Soldat.

Laut auf wiehert's graue Rößlein,
Stampft die Erd' mit raschem Fuß;
Lauter weint der junge Knabe,
Der im Kriege dienen muß.

Schrieb dem Vater wol ein Brieflein,
Daß er seine Pferd' verkaufe;
Wol verkauft' er seine Pferde,
Kauft' vom Dienste mich nicht los!

Laut auf wieherts. ꝛc.

Schrieb der Mutter wol ein Brieflein,
Daß sie ihre Küh' verkaufe;
Wol verkauft' sie ihre Kühe,
Kauft' vom Dienste mich nicht los!

Laut auf wieherts ꝛc.

Schrieb dem Bruder wol ein Brieflein,
Daß er rasch sein Land verkaufe;
Wol verkauft' er seine Aecker,
Kauft' vom Dienste mich nicht los!

Laut auf wieherts ꝛc.

Schrieb der Schwester wol ein Brieflein,
Daß den Brautschatz sie verkaufe;
Wol verkauft' sie ihren Brautschatz,
Kauft' vom Dienste mich nicht los!

Laut auf wieherts ꝛc.

Schrieb der Liebsten wol ein Brieflein,
Daß sie ihren Kranz verkaufe;
Rasch verkaufte sie ihr Kränzlein,
Kaufte mich vom Dienste los!

4.

Das ertrunkene Mädchen.

Ach, wie thut mir weh mein Köpfchen,
Ach wie thut es schrecklich weh!
Laß mich, Mutter, liebe Mutter,
Daß ich draußen mich ergeh'.

Laß mich dort spazieren gehen,
Wo das Meer am Fels sich bricht!
„Mädchen, liebes schönes Mädchen,
Nein, ich laß allein Dich nicht.

Willst Du nicht die Brüder wecken,
Sag', sie sollen mit Dir hin."
Stolz sind meine Brüder worden
Und hochmüthig ist ihr Sinn.

Schossen alle lieben Vögel,
Wo das Meer am Fels sich bricht,
Bunte Hühner, rasche Möven,
Schonten gelbe Meischen nicht.

„Willſt Du nicht die Schweſtern wecken,
Sag', ſie ſollen mit Dir hin!"
Stolz ſind meine Schweſtern worden
Und hochmüthig iſt ihr Sinn!

Pflückten alle lieben Blumen,
Wo das Meer am Fels ſich bricht,
Bunte Roſen, ſchöne Mohnen,
Schonten Ringelblumen nicht.

„Willſt nicht Deinen Fiſcher wecken,
Steht Dir der Begleiter an?"
Guten Tag, Du lieber Fiſcher,
Gib mir Deinen Bretterkahn.

Wol war gut der Bretternachen,
Tief ging er auf Meeresgrund,
Welle ſpielt mit meinen Haaren,
Meerſand reibt die Wangen wund.

Und die gute liebe Mutter
Weinend blickt ins Meer hinab:
Hier ſchläft meine Herzensfreude,
Die ich einſt gewieget hab'. —

5.
Soldatenabschied.

Lebe wol muß ich Dir sagen,
Lebe wol, mein Vaterland!
Manch' ein Mädchen wirds beklagen,
Dessen Thür ich offen fand!

Segen wünsch' ich Deinen Fluren,
Wo ich streifte keck einher;
Such' nun meiner Wildheit Spuren
In des Kaisers Kriegesheer.

In vielfarbig Tuch gekleidet
Unterm Czako ich stolzier',
Daß sich Mädchens Auge weidet
An dem stolzen Grenadier.

Mädchenauge mag erscheinen
Wol mein Leben groß und schön!
Mädchenherze würde weinen,
Könnt' es meinen Jammer sehn!

6.
Der heimliche Besuch.

Ach wie ist das Leben hier
Mir voll Schmerz und Leiden!
Mach' mich auf und geh davon
Hinter jene Weiden.

Komme dort zu Liebchens Haus,
Liebchen guckt herfüre!
„Herzchen, Blümchen, wach' doch auf,
Oeffne mir die Thüre!

Thuts die Thür nicht, wirst Du doch
Wol ein Fenster haben?"
Mädchen that das Fenster auf,
Ließ hinein den Knaben.

Rückt den Stuhl ihm hin zum Tisch,
Den wol sie gedecket;
's hat dem Knaben sicherlich
Nie so gut geschmecket.

Endlich muß er schleunig fort,
Ist zu lang geblieben,
Weil das Mädchen ihm die Zeit
Allzugut vertrieben.

Nach der Mütze greift er schnell, —
Ach, das Mißgeschicke,
Schlägt dabei den Spiegel jach
In zehntausend Stücke!

Mutter von dem Lärm erwacht,
Die in Schlaf gesunken.
Scheltend spricht sie: Wildes Kind,
Mädchen, bist Du trunken?

„Run, leb' wol, Du Liebchen mein,
Wünsch' mir wol zu ruhen!"
— Geh mit Gott, Du Bösewicht,
Wünsch' Dir wohl zu ruhen!

7.
Die Schwester in der Fremde.

Auf der Eiche saß der Rabe,
In der Hand die goldne Cither.

"Sahst Du nicht, Du lieber Rabe,
Wohin führt man unsre Schwester?"

Dorthin führt' man eure Schwester,
Wo am Nebelsee das Haus steht;

Führte sie mit grauen Pferden,
Schönem Wagen sammt dem Brautschatz.

Baut' ihr eine Klet' aus Schilfrohr,
Deckte sie mit Reiherfedern;

Macht' das Bett aus rothen Rosen,
Weißes Rosenlaken drüber.

Dort lag eure liebe Schwester
Wie 'ne rothe Preißelbeere,

Neben ihr der stolze Fremde,
Schön, wie eine junge Eiche!

8.
Des Kriegers Roß.

Bunt gehäubtes Meischen singt
Auf des Stalles Giebeldach.
Eile, Schwester, frage nach,
Was für Kunde es gebracht?

Meischen brachte solche Mähr:
Bruder muß nun in den Krieg!
Soll der Bruder in den Krieg
Ziehn mit ungeschmücktem Hut?

In den Garten geht die Schwester,
Schmücken will sie ihm den Hut;
Singend tritt sie in den Garten,
Weinend sie die Rosen pflückt.

Singend windet sie den Kranz,
Setzt ihn weinend auf sein Haupt,
Singend öffnet sie das Thor,
Weinend gibt sie ihm's Geleit.

„Weine, Schwester, weine nicht,
Wirst mich nimmer wiedersehn!
Nach neun Jahren kommt mein Roß
Müd' und matt zu diesem Thor.

Fragst Du dann das treue Roß:
„Sag', wo blieb der Reiter Dein?"
Dort verblieb der Reiter mein,
Wo der Schwerthieb saust und braust!

Dort verblieb der Reiter mein,
Wo das Blut in Strömen fließt,
Wo das Blut in Strömen fließt
Und man Knochenbrücken baut!

9.
Zu späte Reue.

Wär' ich doch ein Mädchen noch,
Trüg' noch meinen Perlenring,
Statt daß ich zu Thränentagen
In die Fremd' zum Fremden ging!

Hätt' noch diesen schönen Sommer
Frei verbracht in Fröhlichkeit,
Von des Dorfes schönsten Burschen
Viel bewundert und umfreit.

Aber meine jungen Tage,
Alle meine Schönheit hin
Nahm der liederliche Fremde,
Der nur hat für's Wirthshaus Sinn!

„Schwesterchen, Du weinst vergebens,
Hast Du Deine Schuld erkannt?
Warum fragtest Du um Rath nicht,
Eh' Du reichtest Deine Hand!

Hätteſt nur die Hand gegeben,
Warum gabſt Du Deinen Ring!
Wiedernehmen kannſt die Hand Du,
Aber nimmermehr den Ring!

Unter dieſes Elend hat
Dich der Ring hinabgebeugt, —
Ich hätt' nie mit ihm geſprochen,
Noch ihm meine Hand gereicht!"

Drum bedenket wol, ihr Schweſtern;
Wem ihr gebet eure Hand,
Wem ihr euren Ring wollt ſchenken,
Wem ihr ſelbſt euch zugewandt!

10.

Espe und Birke.

Warum bebt die Espe immer
Und die Birke beugt die Zweige?
Gern gab Ruthen her die Espe,
Weinend gab sie her die Birke.
Espe jubelt, Birke jammert,
Als den Himmelsherrn man martert.
Um sich blickt die Espe stolz,
Schamroth senkt die Zweig' die Birke.
Aber, als der Herr des Himmels
An dem Kreuzesholz erbleichte, —
Alles still, kein Hauch sich regte,
Faßte plötzlich Angst die Espe.
Sie bewegt sich, bebt und zittert, —
Sie bewegt sich, bebt und zittert
So bis auf den heut'gen Tag.
Aber stille steht die Birke,
Niedersenkend ihre Aeste,
Um den lieben Herren will sie
Trauern bis zum Weltenende!

11.
Vogelhochzeit.

Waldgott hat in's tiefe Schilfrohr
Sich geworfen: kommt herbei
All' ihr freien Waldesthiere
Zu des Waldessohnes Hochzeit!

Wolf mit seiner hohlen Stimme
Ist der beste Flötenbläser.

Hellen Anschlag gibt das Hündchen,
Das ist unser Trommelschläger.

Krumme Schultern hat die Krähe,
Die ist Wasserträgerin.

Runden Schnabel hat der Rabe,
Der kann uns das Fleisch zertheilen.

Langgeschwänzte Elster soll
Rein des Hofes Flur uns fegen.

Nachtigall, die Schmeichelzunge,
Die empfängt die lieben Gäste.

Eichhörnchen mit dichtem Buschschwanz
Deckt den Mittagstisch gewandt.

Habicht mit den langen Krallen
Schöpft das Fleisch uns aus dem Topf.

Kranich reckt den langen Hals aus,
Legt geschickt die Teller auf.

Dohle in dem schwarzen Amtsrock
Spricht bei Tisch das gratias.

Kiebitz mit den langen Füßen
Wischt den Tisch ab nach dem Essen.

Schwalbe mit dem braunen Röckchen
Scheuert die Geräthe rein.

Leichtbefußt Bachstelzentöchter
Führen einen schönen Tanz auf..

Specht der buntuniformirte
Ist der Braut galanter Kutscher.

Hase mit Lithauerbeinen
Zeigt als Läufer ihr den Weg.

Hochgeschürzte Lerche öffnet
Ihr als Pförtnerin das Thor.

Goldne Schnüre hat das Bräutchen
Reichlich um die schlanke Taille.

Und so fährt sie denn zur Kirche,
Gott gibt wieder junge Pflüger!

Lustig leben meine Freunde,
Und ein Festtag jagt den andern!

Bald der Hochzeit folgt die Taufe,
Und zu Tanzen gibt's genug!

12.
Liebesnoth bringt Tod.

Ging im Walde schon zwei Tage,
Und nichts Gutes traf ich an, —
Geh' ich noch am dritten Tage,
Find' ich wol ein schwarzes Rößlein.

Setze mich auf seinen Rücken,
Reit hinan die steile Bergwand,
Von dem Berge niederreitend,
Komm' ich in ein Birkenwäldchen.

Aus dem Birkenwäldchen reitend,
Brech' ich eine schlanke Gerte, —
Darob schlagen an die Hunde, —
Aus dem Haus drei Mägdlein treten.

Zwei ergreifen meine Hände,
Eine faßt mein Roß am Zügel,
In den Stall führt sie das Rößlein,
Mich geleiten sie ins Zimmer.

Hafer thut man in die Krippe,
Decket mir das Lindentischlein,
Deckt's mit feinem weißen Laken,
Gibt mir Salz und Brot zu essen.

Als das Essen abgetragen,
Macht man mir im Heu ein Lager,
Ladet mich zu süßer Ruhe, —
Aber ich schloß nicht die Augen.

Sah mit meinen wachen Augen,
Was des Hauses Töchter thaten?
Eine näht', die andre strickte,
Seide wickelte die dritte.

Doch die vierte und die jüngste
Warf den Schweinen vor das Futter.
Gib mir, Mütterchen, das Mägdlein,
Das den Schweinen Futter vorwarf.

Gibst Du mir das Mägdlein nimmer,
Sterbe ich vor Liebesschmerzen! —
Bin gestorben ich, o saget:
Wo denn wollt ihr mich begraben?

Bettet mich im Rosengarten
Ueber zarten Rosenwurzeln.
Dort erwachsen goldne Rosen
Auf dem Hügel meines Grabes.

Sieh, dann kommen Gottessöhne
Zwei geritten, brechen Zweige
Von der schönen goldnen Rose,
Reiten zur Marienkirche.

Schmücken den Altar mit Rosen,
Und Maria spricht in Trauer:
Das ist eines Jünglings Seele,
Den die Liebesnoth getödtet!

13.
Das Marientüchlein.

In die Kirche ging Maria,
Lud mich ein mit ihr zu gehn,
Selber trug sie goldnen Gürtel,
Silbergürtel band sie mir um.

Sagte, als sie mich gegürtet:
Vater hast Du nicht, noch Mutter!
Als ich diese Worte hörte,
Flossen reichlich meine Thränen.

Seiden Tüchlein gab Maria
Mir, die Thränen abzutrocknen;
Als ich sie getrocknet hatte,
Warf ich's in den Nesselbusch.

Gehn vorbei die jungen Knaben,
Ziehen ehrfurchtsvoll die Mütze:
Was erglänzt und blitzt so prächtig
Durch die grünen Nesselbüsche?

's ist Marias Seidentüchlein,
Mit des Waisenmägdleins Thränen!
Und ich fragte: Lieb Maria,
Wo soll ich das Tüchlein waschen?

Lieb Maria sagte freundlich:
In dem goldnen Bach im Thale.
Und ich fragte: Lieb Maria,
Wo soll ich das Tüchlein trocknen?

Lieb Maria sagte freundlich:
In dem goldnen Rosengarten.
Und ich fragte: Lieb Maria,
Wo soll ichs dann aufbewahren?

Lieb Maria sagte freundlich:
Schließ es in ein golden Kästlein,
Häng' daran neun goldne Schlößlein
Mit neun goldnen Schlüsselchen.

14.
Warum Maria nicht tanzt.

Engel schlägt die Eisentrommel,
Ladt Maria ein zum Tanz.

Nicht zum Tanze geht Maria,
Hält das Jesuskind im Schooß.

Legt das Kindlein in die Wiege,
Daß die Engelein es wiegen.

Laß die Engelein wiegen fein,
Daß es nicht so bald erwache!

Wenns erwachen wird, wie dann?
Blutig Kreuz trägt's auf dem Rücken!

———

15.

Rinderfabel.

Eine Haube will ich nähen,
Geh' zum Hühnchen bitten:
Liebes Hühnchen, was gibst Du?
Geb' Dir meinen Schnabel zu!

Hühnerschnabel, schnip, schnip, schnip;
Das wird eine seltne Haube!

Eine Haube will ich nähen,
Geh' zum Hähnchen bitten:
Liebes Hähnchen, was gibst Du?
Geb Dir meinen Kamm dazu.

Hahnenkamm, Hühnerschnabel, schnip,
 schnip,
Das wird eine seltne Haube!

Eine Haube will ich nähen,
Geh' zum Entlein bitten:
Liebes Entlein, was gibst Du?
Geb' Dir meinen Start*) dazu.

Entenstart, Hahnenkamm, Hühnerschnabel schnip,
  schnip, schnip;
Das wird eine seltne Haube!

Eine Haube will ich nähen,
Geh' zum Häslein bitten:
Liebes Häslein, was gibst Du?
Geb' Dir meinen Sprung dazu.

Hasensprung, Entenstart, Hahnenkamm, Hühnerschnabel schnip, schnip, schnip;
Das wird eine seltne Haube!

Eine Haube will ich nähen,
Geh' zum Füchslein bitten:
Liebes Füchslein, was gibst Du?
Geb' Dir meinen Schwanz dazu.

Fuchsschwanz ꝛc.
Das wird eine seltne Haube!

Eine Haube will ich nähen,
Geh' zum Wolfe bitten:
Liebes Wölflein, was gibst Du?
Geb' Dir meinen Zahn dazu.

---

*) Start — Sterz.

Wolfszahn ꝛc.
Das wird eine seltne Haube!

Eine Haube will ich nähen,
Geh' zum Luchse bitten:
Liebes Lüchslein, was gibst Du?
Gebe Dir mein Fell dazu.

Luchsfell, Wolfszahn, Fuchsschwanz, Hasensprung, Entenstart, Hahnenkamm, Hühnerschnabel schnip, schnip, schnip;
Das wird eine seltne Haube.

Eine Haube will ich nähen,
Geh' zum Birkhahn bitten;
Lieber Birkhahn, was gibst Du?
Geb' dir meinen Balg dazu.

Birkhahnbalg ꝛc
Das wird eine seltne Haube!

Eine Haube will ich nähen,
Geh' zum Bären bitten:
Liebes Bärlein, was gibst Du?
Geb' Dir meine Tatze zu.

Bärentatze ꝛc.
Das wird eine seltne Haube!

Eine Haube will ich nähen,
Geh' zum Hirsche bitten:
Liebes Hirschlein, was gibst Du?
Geb' Dir mein Geweih dazu.

Hirschgeweih 2c.
Das wird eine seltne Haube!

Eine Haube will ich nähen,
Geh' zum Grobschmied bitten:
Lieber Grobschmied, was gibst Du?
Geb' Dir meinen Hammer zu.

Schmiedehammer 2c.
Das wird eine seltne Haube!

Eine Haube will ich nähen,
Geh' zum Bocke bitten:
Liebes Böcklein, was gibst Du?
Geb' Dir meinen Bart dazu.

Bocksbart 2c.
Das wird eine seltne Haube!

Eine Haube will ich nähen,
Geh' zum Schneider bitten:
Lieber Schneider, was gibst Du?
Geb Dir meine Scheere zu.

Schneiderscheere, Bocksbart, Schmiedehammer, Hirsch
geweih, Bärentatze, Birkhahnbalg, Luchsfell
Wolfszahn', Fuchsschwanz, Hasensprung, Enten-
sterz, Hahnenkamm, Hühnerschnabel schnip, schnip,
schnip;
Das wird eine seltne Haube!

16.
Der Marienrock.
(vide Nr. 18).

Mond führt heim die Sonnentochter,
Perkon folgt im Hochzeitszug,
Durch die offne Pforte sprengend,
Spaltet er die goldne Eiche!

Meinen braunen Rock besprenget
Hoch aufspritzend Blut der Eiche, —
Weinend liest die Sonnentochter
In drei Jahren auf die Aeste.

Sage mir doch, lieb Maria,
Wo ich meinen Rock soll waschen?
Wasch ihn, Knabe, in dem Bächlein
Aus, woher neun Ströme fließen.

Sage mir doch, lieb Maria,
Wo soll trocknen meinen Rock ich?
Häng' ihn, Knabe, in den Garten,
Wo neun Rosenstöcke blühn.

Sage mir doch, lieb Maria,
Wo soll meinen Rock ich glätten?
Glätt' ihn, Knabe, auf der Rolle,
Welche auf neun Walzen läuft.

Sage mir doch, lieb Maria,
Wo soll ich ihn aufbewahren?
Schließ' ihn, Knabe, in den Kasten,
Der neun goldne Schlüssel hat.

Sage mir doch, lieb Maria,
Wann soll ich den Rock vertragen?
Trag' ihn, Knabe, an dem Tage,
Wo am Himmel glühn neun Sonnen!

17.

Der alte und der junge Bräutigam.

Werber kommen mich zu freien
Für den alten grauen Bräut'gam:
 Mach' dem alten Mann das Bett ich,
 Leg' ich auf drei Lagen Disteln,
Unter's Haupt das kahle schieb' ich
Ihm vier schwere graue Steine,
 Und als Decke leg' ich auf ihn
 Eine alte schlechte Egge.
Zu ihm leg' ich mich dann selber
Wie ein Espenblättlein zitternd.
 Krähe morgen früh, o Hähnchen,
 Eil' Dich, Morgenröthe, eile! —
Ausgedacht sind die Gedanken,
Und kein Wort blieb ungesprochen!

 Werber kommen mich zu freien
 Für den jungen schmucken Bräut'gam:

Mach' dem jungen Mann das Bett auf,
Leg' drei Pfühle auf einander,
   Unters Haupt, das holde, schieb' ich
   Ihm vier weiche Dunenkissen,
Und als Decke breit' ich auf ihn
Wol mein schönes weißes Wolltuch,
   Zu ihm leg' ich mich dann selber
   Blühend, wie ein rothes Röslein.
Kräh'- nicht, Hähnchen, früh am Morgen,
Morgenröthe, weil' noch lange!
   Ungedacht sind die Gedanken,
   Ungesprochen viele Worte!

18.

Das Lied von der Jüngsten.

Mütterchen, wo sind die Töchter?
Leer die Stühl' im Stübchen stehn.
Wo sind, Tanne, Deine Aeste,
Nur die Stümpfe sind zu sehn.

Mütterchen ruft ihre Töchter,
Ruft sie alle, groß und klein,
Kommt die Aeltste, kommt die Zweite,
Nur die Jüngste fehlt allein.

Fortgelaufen ist die Jüngste
Singend hin zum klaren Quell;
Als sie Blumen pflückt am Ufer,
Fällt ihr Ring ins Wasser hell.

Als sie nach dem Ring sich bücket,
Fällt auch ihre goldne Kron';
Als sie nach der Krone langet,
Trägt der Bach ihr Tuch davon.

Als sie nach dem Tuche greifet,
Fällt sie selbst hinein im Nu,
Und es tragen Baches Wellen
Rasch dem weiten Meer sie zu.

Meereswellen tragen sicher
Sie zum festen Meeresstrand,
Betten sie auf weichem Lager
Unter weißen Meeressand.

In neun Jahren auf dem Sande
Eine Linde, wolbelaubt,
Streckte mit neun schönen Aesten
In die Höhe stolz ihr Haupt.

Nach neun Jahren fällt der Bruder
Sich zur Cither diesen Baum;
Spielend rühmt er: Solche Cither
Findet man auf Erden kaum.

Sagt die thränenreiche Mutter:
Das ist meiner Jüngsten Sang,
Der vom Bach beim Blumenpflücken
Oft zu mir herüberklang!

19.

Soldatenabschied.

Lebe wol, mein theures Livland,
Länger bleib' ich nicht allhier,
Nicht mehr klopf' in dunklen Nächten
Ich an meines Mädchens Thür.

Grüne Wald und blühet Wiesen,
Die ich fröhlich oft durchstreift,
Mich seht ihr sobald nicht wieder,
Den man zum Soldaten greift.

Bald in buntes Tuch gekleidet,
Mit dem Czako ich mich zier',
Und mit blankgewichsten Stiefeln
In der Hauptstadt paradir'.

Werden dann erst Mädchen gucken,
Und die Hälse nach mir drehn!
Ob sie schmachten, ob sie weinen,
Ich werd' stolz vorüber gehn!

20.
Der zufriedene Bräutigam.

Zwei sinds, zwei, wer sind die zweie,
Die nicht schliefen in der Nacht?

 Nimmer schlief der junge Bursche,
 Dachte an sein Mädchen stets.

Nimmer schlief das junge Mädchen,
Strickte an dem Handschuhpaar.

 Und so wie die Handschuh' fertig,
 Gibt es sie dem Burschen hin.

Nimm die Handschuh', nimm sie, Knabe,
Die ich Dir versprochen hab'!

 Holdes Mädchen ist mein Bräutchen,
 Und ein Schimmel ist mein Roß.

Spann' den Schimmel vor den Schlitten,
Fahre vor der Mutter Thür.

Guten Abend, Tochtermutter,
Krieg' ich eine schöne Braut!

Bitter weint die Tochtermutter,
Daß die Braut nicht schön genug!

Weine nicht, o Tochtermutter,
Daß die Braut nicht schön genug.

Selbst hab' ich gewollt, gefreit sie,
Führ' sie selber mir ins Haus!

———

八

Anhang.

Melodien zu einigen der längeren Lieder.

Nr. 1.

Erste Melodie.

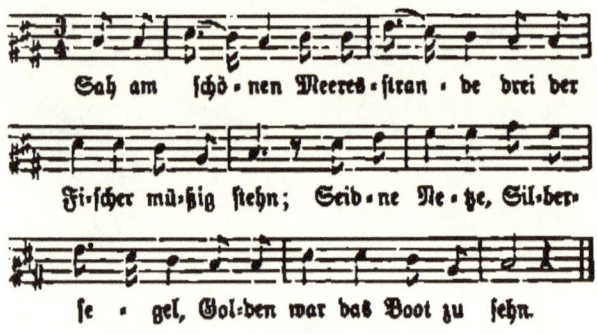

Sah am schö-nen Meeres-stran-de drei der Fi-scher mü-ßig stehn; Seid-ne Ne-tze, Sil-ber-se-gel, Gol-den war das Boot zu sehn.

Zweite Melodie.

Sah am schö-nen Mee-res-strande drei der Fi-scher mü-ßig stehn; Seid-ne Ne-tze, Sil-ber-se-gel, Gol-den war das Boot zu sehn.

Nr. 2.

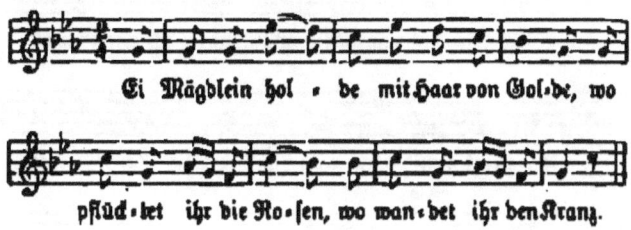

Nr. 3.

Nr. 4.

Ach wie thut mir weh mein Köpfchen, ach wie thut es schreck-lich weh! Laß mich Mut-ter, lie-be Mut-ter, daß ich brau-ßen mich er-geh'!

Nr. 5 auch Nr. 9.

Le-be-wol muß ich dir sa-gen, Le-be-wol mein Va-ter-land! Manch ein Mädchen wirds be-kla-gen,

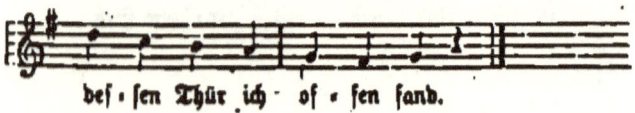

des-sen Thür ich of-fen fand.

Nr. 20.

Zwei sind's, zwei; wer sind die zwei - e,
Die nicht schlie - fen in der Nacht. Zwei sind's, zwei; wer sind die Zwei - e, die nicht schlie - fen in der Nacht.

Druck von G. Kreysing in Leipzig.

www.ingramcontent.com/pod-product-compliance
Lightning Source LLC
Chambersburg PA
CBHW021830230426
43669CB00008B/928